HOCHSENSIBLE

KINDER

LIEBEVOLL

ERZIEHEN

Dabah Bischof

INHALT

KAPITEL 1

D ie Hochsensibilität

„Deine erste Pflicht ist,

dich selbst glücklich zu machen. Du bist glücklich, so machst du auch andere glücklich."

Ludwig Feuerbach (1804-1872), deutscher Philosoph und Anthropologe

Was ist Hochsensibilität überhaupt?

„Ein Kind ist kein Gefäß, das gefüllt, sondern ein Feuer, das entzündet werden will."

François Rabelais (1483-1553), französischer Schriftsteller

Der Begriff Hochsensibilität wurde um 1997 von der US-amerikanischen Psychologin und Sachbuchautorin Elaine Nancy Aron etabliert. Sie verfasste zu diesem Thema unter anderem zusammen mit ihrem Ehemann Arthur

Aron mehrere psychologische Bücher. Aron beschreibt Hochsensibilität als vererbbares Persönlichkeitsmerkmal, welches sich bereits bei Säuglingen zeigen kann. Das sogenannte Verhaltenshemmsystem ist bei hochsensiblen Kindern verstärkt aktiv. Das bedeutet, dass die betroffenen Kinder durch Verhaltensweisen, wie zum Beispiel Quengeln bei zu vielen Aktivitäten oder ein intensives Beobachten bei gleichzeitig geringerem Bedürfnis der Erkundung ihres Umfeldes, besonders auffallen. Diese Auffälligkeiten lassen sich durch ein angeborenes, sehr empfindsames Nervensystem erklären. Durch diese Veranlagung nehmen HSK (kurz für HochSensible Kinder) die verschiedenen Sinneseindrücke ihrer Umwelt um einiges intensiver wahr als Gleichaltrige. Typischerweise wollen HSK alles um sie herum verstehen, begreifen, durchdenken, verarbeiten, beobachten und spüren. Alle Umwelteinflüsse werden ungefiltert wahrgenommen und unwichtigen Details, die andere Menschen gar nicht bemerken, wird eine übermäßige Bedeutung beigemessen. Sämtliche Eindrücke wirken viel intensiver und neue Erfahrungen werden mit früheren Ereignissen sofort in Bezug gesetzt und verknüpft. Durch

diese starken Vernetzungen aller Wahrnehmungen spüren Hochsensible eine starke Verbindung zu allem und zu allen.

Durch die große Menge an Informationen brauchen die HSK viel mehr Zeit, um alle Eindrücke verarbeiten zu können. Wird ihnen diese Zeit nicht gewährt, kommt es schnell zu einer Reizüberflutung und einer Überreizung des Nervensystems. Zu einer solchen Überreizung scheint es insbesondere dann zu kommen, wenn aus dem Gesamtbild, wie zum Beispiel einer Geräuschkulisse, Einzelheiten störend hervortreten. Die Folgen einer solchen Überflutung sind Überforderung, Stress, Zurückgezogenheit, Wutausbrüche, Erschöpfung, Weinkrämpfe, Gereiztheit und psychosomatische Beschwerden, wie zum Beispiel Schlafprobleme, Bauch- und Kopfschmerzen. In einer solchen Phase kann jeder zusätzliche Reiz zu viel werden, egal wie sanft oder lieb dieser gemeint ist.

Doch trotz der Probleme, die das Leben mit einer Hochsensibilität mit sich bringt, handelt es sich nicht um eine psychische Störung. Oftmals beobachten besorgte Eltern Verhaltensauffälligkeiten ihres Kindes und kommen zu dem Trugschluss, dass das Kind an einer sonderbaren Erkrankung leidet und einer psychologischen Therapie bedarf. Doch die Hochsensibilität gilt als eher positives Persönlichkeits- und Wesensmerkmal eines Menschen. Außerdem wird eine

Hochsensibilität bei rund 15 bis 20 % der Bevölkerung festgestellt. Das bedeutet, dass auch ungefähr jedes fünfte Kind davon betroffen ist. Störungen treten nur dann auf, wenn entweder im Rahmen einer Therapie oder privat versucht wird, das Kind zu desensibilisieren. Wenn der Sensibilität des Kindes kein Raum gelassen wird, leidet das

HSK, denn der Betroffene spielt sich keinesfalls auf, sondern empfindet die Umwelt lediglich intensiver als andere. Auch wenn das auf den ersten Blick schwer zu verstehen ist, ist es das Beste, was man als Elternteil, Pädagoge, Vormund, Therapeut oder Bezugsperson tun kann, dem HSK, seiner Hochsensibilität und seinen damit einhergehenden Eigenheiten, Verständnis entgegenzubringen. So kann sich das Kind besser orientieren und in der Welt zurechtfinden. Sollten jedoch trotz eines liebevollen Umgangs Symptome, wie Schlafmangel, Isolation und Depression, überhandnehmen, sollte man doch in Erwägung ziehen, sich psychologische Unterstützung zu holen. Dennoch sollte während der Therapie der Aspekt der Hochsensibilität nicht aus den Augen gelassen werden. Am besten wäre es, sich an einen Therapeuten zu wenden, der sich auf das schwierige Thema der Hochsensibilität spezialisiert hat.

Definition

In den meisten Definitionen wird die Hochsensibilität oder auch Hochsensitivität als erblich bedingtes Persönlichkeitsmerkmal beschrieben, welches einem anders arbeitenden Filter des Nervensystems zugrunde liegt. Den Betroffenen wird eine höhere sensorische Verarbeitungssensitivität (zu Englisch: sensory- processing sensitivity), Erregbarkeit und Reflektiertheit zugeschrieben. Dadurch entsteht eine erhöhte Empfänglichkeit für innere, aber auch äußere Reize. So werden sowohl Berührungen, Gerüche und Geräusche, aber auch Empfindungen, Erinnerungen und Gefühle intensiver von den Betroffenen wahrgenommen. Daher kann man Hochsensibilität eher als eine Wahrnehmungsbegabung als eine Erkrankung betrachten. Nichtsdestotrotz haben die geschärften Sinne viele Nachteile. Ohne die essenziellen Ruhe- und

Erholungspausen nimmt sowohl der Körper als auch die Psyche unter dem dauerhaften Input erheblichen Schaden. Im Englischen werden Hochsensible als highly sensitive persons beschrieben, die sich trotz verschiedenen Persönlichkeiten in drei zentralen Merkmalen ähneln. Zum einen bewegen sich die Betroffenen meist auf einem schmalen Grat zwischen Langeweile und Überforderung. Außerdem hallen Gefühle sowie Sinneseindrücke noch lange nach. Das letzte Merkmal greift zudem den Aspekt der schnellen Überreizbarkeit auf.

Forschung

Das Psychologenehepaar Aron begründete um 1997 die Theorie um das psychologische Konstrukt der Hochsensibilität. Die Hauptverantwortliche, Elaine Nancy Aron, gilt als Pionierin in diesem Fach und beschreibt die Hochsensibilität als Persönlichkeitsdisposition, die zum einen die hohe Sensibilität für subtile Reize beschreibt, aber zum anderen auch eine Tendenz zur Übererregbarkeit bedeutet. Aron arbeitet vor allem auch an den essenziellen Fragestellungen der Beziehungspsychologie. Durch die Veröffentlichung mehrerer Artikel und des

Buches „The Highly Sensitive Person – How to Thrive When the World Overwhelms You" brachte sie das Thema der Hochsensibilität einem größeren Publikum näher und gilt bis heute als Standardwerk. Seit den 1990er Jahren veröffentlichte sie mehrere thematisch relevante Bücher, wie zum Beispiel: „Sind Sie hochsensibel? Wie Sie Ihre Empfindsamkeit erkennen, verstehen und nutzen" oder „Hochsensibilität in der Liebe. Wie Ihre Empfindsamkeit die Partnerschaft bereichern kann" sowie

„Das hochsensible Kind: Wie Sie auf die besonderen Schwächen und Bedürfnisse Ihres Kindes eingehen" und „Hochsensible Menschen in der Psychotherapie".

Die Einführung des Begriffes gilt zudem als Erklärungsversuch, der von Individuum zu Individuum unterschiedlichen neurophysiologischen und psychologischen Verarbeitung externer

sowie interner Reize. Jedoch befindet sich die Forschung zu diesem Thema noch in den Kinderschuhen und ist noch nicht zur Gänze ausgereift. Das unter Wissenschaftlern umstrittene Konzept der Hochsensibilität wird anhand von Fragebögen, die die Psychologin Elaine Nancy Aron entwickelt hat, von den Betroffenen selbst diagnostiziert. Zwar wurden bereits zahlreiche Studien durchgeführt, die sich alle einig sind, dass der entscheidende Unterschied zwischen einem hochsensiblen und einem normalsensiblen Menschen in der neurologischen Struktur des Gehirns liegt. Doch da die Eigenschaft der sensory pro-

cessing sensitivity (wörtlich: Reiz- verarbeitende Sensitivität) als Persönlichkeitsmerkmal und nicht als psychische
Erkrankung gehandhabt wird, gestaltet es sich schwierig,
dieses einwandfrei feststellen zu können. Menschen mit
einer höheren sensorischen Verarbeitungssensitivität erleben diese Eigenschaft als überdauernd und stabil. Der
Unterschied bei der Wahrnehmung liegt laut Aron allerdings nicht an den Sinnesorganen selbst, sondern psychobi-
ologisch bedingt an den sensorischen Nervenbahnen, die
die Reize per Signaltransduktion zum Gehirn übertragen,
um diese dort zu verarbeiten. Außerdem gilt Hochsensibilität viel eher als angeborenes Temperament, als um
eine mit der Zeit erlernte und erworbene Persönlichkeit.
Obwohl es sich bei der Hochsensibilität keinesfalls um
eine psychische Störung handelt, kann eine hochsensible
Veranlagung eine Reihe von psychischen Problemen und
Erkrankungen begünstigen. Schätzungen zufolge kommen
aufgrund einer höheren psychischen Verletzbarkeit, psychisch bedingte Störungen bei hochsensiblen Menschen
häufiger vor als bei der Durchschnittsbevölkerung. Bei der
Häufigkeit von Hochsensibilität gehen die Meinungen der
Experten stark auseinander. Einige sind der Ansicht, dass
das Merkmal bei ca. 15 bis 20 % der Bevölkerung auftreten,
während wieder andere von einem deutlich geringeren
Prozentsatz von 1 bis

3 % ausgehen. Einer Studie auf der Basis der latenten
Klassenanalyse von 2018 zufolge können von rund 906

erwachsenen Probanden 31 % den Hochsensiblen zugeordnet werden.

Da einige Merkmale von Hochsensibilität den Aspekten des Asperger-Autismus ähneln, kann es leicht zu Verwechslungen kommen. Das kommt daher, dass ein Asperger-Autist auch hochsensibel ist. Der entscheidende Unterschied liegt darin, dass ein Autist sich von Emotionen, Gefühlen und dem Handeln anderer Menschen überfordert fühlt. Er kann die Emotionen nicht einschätzen und fühlt sich fremd gegenüber seinen Mitmenschen. Im Gegensatz dazu hat ein hochsensibler Mensch viel und manchmal vielleicht ein wenig zu viel Empathie. Denn betroffene Personen nehmen die Gefühle anderer richtig und intensiv war, sodass sie manchmal nicht zwischen den eigenen Gefühlen und den Empfindungen anderer unterscheiden können.

Wahrnehmung von Hochsensibilität

Bis vor ca. 30 Jahren empfand man hochsensible Menschen schlicht als theatralisch, übertrieben, weinerlich, ängstlich und hysterisch mit dem Hang zum Dramatischen. Die mediale Darstellung von Hochsensibilität weicht oft stark von der Realität ab. Meist wird Hochsensibilität durch eine grundsätzlich intensivere Reizverarbeitung charakterisiert, die schnell in eine Reizüberflutung münden kann. Begründet wird dies durch eine grundsätzliche Störung der Filterung von unwichtigen Informationen. Doch so ganz der Wahrheit entspricht diese Verallgemeinerung nicht.

Zum einen würde die problematische Annahme des defekten Filters bedeuten, dass nichthochsensible Menschen über wichtige und unwichtige Informationen bestimmen. Doch HSP nehmen gar nicht unbedingt viel mehr, sondern anders wahr als andere, nichthochsensible Menschen. Zum anderen weichen die Erfahrungen von Betroffenen stark von der fiktiven Welt ab. Viele beschreiben eine individuelle, unterschiedlich starke Ausprägung auf verschiedene Bereiche der Sinne. Dazu kommt, dass Hochsensibilität und HSP (kurz für hochsensible Personen) von vielen Menschen eher als Trend- und Modeerscheinung betrachtet wird, die nach einer Welle der

Aufmerksamkeit schnell wieder abflachen wird. Außerdem wird der zentrale Aspekt der Reizüberflutung oft mit dem Burn-out-Syndrom gleichgesetzt. Das Burn-out-Syndrom ist, wie viele andere affektive Störungen, nur schwer von der Hochsensibilität abzugrenzen, da die allgemeine Bevölkerung fälschlicherweise annimmt, dass die intensivere Reizverarbeitung nur auf negative Empfindungen zutrifft. So kommt es, dass auch viele Psychologen der Meinung sind, dass Hochsensibilität als eine Unterklasse des Persönlichkeitsmerkmals der emotionalen Instabilität gehandhabt werden sollte. Zudem wird die Kritik geäußert, dass das Konzept der Hochsensibilität von Individuen missbraucht wird, um sich selbst Privilegien, Vorwände und Entschuldigungen zu verschaffen.

Die fünf Gruppen der Hochsensibilität

„Liebst du die Kinder von andern, so wirst du deine eigenen nur umso mehr lieb haben." Sprichwort

Elaine Nancy Aron differenzierte zwischen drei Gruppen der Hochsensibilität. Diese Unterscheidung wurde vorgenommen, weil sich auch Hochsensible in ihren Empfindungen, Gefühlen und ihrer Art so voneinander unterscheiden, dass man um eine sinnvolle Unterteilung nicht drum herumkommt. Elaine Aron stellte zunächst nur die drei Typen, sensorische, emotionale und kognitive Hochsensibilität, vor. Die sensorische Hochsensibilität unterscheidet sich abermals in akustische, visuelle, olfaktorische, gustatorische, taktile und thermische Sensitivität. Später wurden diese drei Formen noch um die geistige und die kognitive Hochsensibilität bereichert. Doch wie bereits erwähnt, lassen sich nur einige HSP in alle fünf Kategorien einsortieren. Manche gehören nur zu vier, drei oder aber zwei Hochsensibilitäten. Entspricht ein Mensch nur einem dieser Typen, ist diese Person aller Wahrscheinlichkeit nach eher weniger hochsensibel veranlagt. Die Faustregel besagt, dass fast alle Hochsensiblen emotional hochsensibel und in einem der sechs sensorischen Bereiche hochsensibel sind. Doch egal, wie stark die Ausprägung in den verschiedenen Bereichen auch sein mag, vor allem das Denken, Fühlen und die Wahrnehmung sind bei allen HSP eng miteinander verbunden.

Sensorische Hochsensibilität

Sollte diese Form der Hochsensibilität allein auftreten, muss es sich nicht unbedingt um eine Hochsensibilität im klassischen Sinne handeln, obwohl viele annehmen, dass die Hochsensibilität im Allgemeinen ausschließlich die sensorische Hochsensibilität beschreibt. Doch häufig tritt eine erhöhte sensorische Sensibilität als Symptom eines überreizten Nervensystems auf. Diese Überreizung kann verschiedene Ursachen haben und auch als Begleiterscheinung einer Erkrankung des Nervensystems auftreten. Handelt es sich jedoch um eine Hochsensibilität, sind nur in den seltensten Fällen alle sechs Sinnesorgane gleichzeitig betroffen. Betroffene geben meist an, dass nur zwei oder maximal drei Sinne hochsensibel sind. Die Wahrnehmung mit den hochsensiblen Sinnen ist um einiges differenzierter, feiner und intensiver als bei normalsensiblen Sinnesorganen. Das kann als Segen interpretiert werden, wird aber von den meisten Betroffenen als Fluch wahrgenommen. Die sensorische Hochsensibilität ist bei den meisten Hochsensiblen angeboren und wurde in den seltensten Fällen mit der Zeit erworben. Im Folgenden lernen Sie die verschiedenen Arten der sensorischen Hochsensibilität kennen.

Akustische Sensitivität

Diese Form der sensorischen Hochsensibilität ist mit Abstand die häufigste. Doch eine akustisch-sensitive Veranlagung zu haben bedeutet nicht automatisch, dass man besonders lärmempfindlich ist, eher das Gegenteil. Viele

Menschen mit einer akustischen Sensitivität berichten, dass sie sehr gerne Musik hören und das auch in ohrenbetäubender Lautstärke! Außerdem können diese Personen auch lauten Baulärm gut ignorieren. Kritisch wird es, wenn ein leises Geräusch in unregelmäßigen Abständen mit einer bestimmten Frequenz auftritt. Geräusche, an denen sich fast alle akustisch- sensitiven Hochsensiblen massiv stören, sind das leise Summen eines Insektes oder das Sirren der Leuchtstoffröhre.

Gustatorische Sensitivität

Diese Sensitivität betrifft in erster Linie den Geschmackssinn. Gustatorisch-sensible Menschen sind in der Lage, Fäulnis schon

Tage früher zu schmecken, da sie winzigste Mengen an Fäulnisbakterien und Schimmelsporen bemerken können. So ist es auch nicht weiter überraschend, dass Menschen mit einer gustatorischen Sensitivität auch feine Gewürznuancen aus Gerichten erschmecken können und sich hervorragend zum Restaurantkritiker, Gourmet oder Koch eignen. Jedoch spielt diese Art der sensorischen Hochsensibilität eine eher untergeordnete Rolle.

Olfaktorische Sensitivität

Der Geruchssinn olfaktorisch-sensitiver Menschen ist sehr empfindlich und kann sogar mit den Spürnasen mancher Tiere mithalten. Einige hochsensible Menschen sind in der Lage, den natürlichen Körpergeruch an der

Garderobe der Besitzer zu identifizieren. Andere können sogar die Gefühle eines anderen Menschen, wie beispielsweise Angst oder Stress, riechen. Und wieder andere können den Ausbruch eines Gewitters vorhersagen, indem sie die Elektrizität in der Luft bemerken.

Taktile Sensitivität

Taktil-sensitive Menschen nehmen Reize über die Haut äußerst intensiv war. Diese Sensibilität kann sich sowohl auf sanfte, leichte Berührungen oder aber auch auf die Nähte und Etiketten von der Kleidung beziehen. Teilweise kann diese Sensitivität sogar extreme Ausmaße annehmen, da jeder noch so kleine Fremdkörper intensiv wahrgenommen wird. So kann eine einzelne Wimper, Daune oder ein kleiner Luftzug die Betroffenen um den Verstand bringen. Das berühmteste Beispiel dieser Hochsensibilität ist wohl das Märchen von der Prinzessin auf der Erbse. Dazu kommt, dass taktil-sensitive Menschen auch ein erhöhtes Schmerzempfinden haben. Dabei können Stöße, Impfungen, Blutabnahmen oder andere ärztliche Untersuchungen zu Folter und unerträglichen Schmerzen führen. Einige hochsensible Kinder empfinden sogar manchmal Schmerzen bei dem Schneiden der eigentlich gefühllosen Haare und Nägel. Außerdem ist es nicht ungewöhnlich, wenn taktil-hochsensible Menschen minimale Bewegungen der Prozesse im Inneren des

Körpers wahrnehmen. Ein häufig genanntes Beispiel ist das nach oben Kippen der Augäpfel, wenn man gerade einschläft.

Thermische Sensitivität

Auch wenn die thermische Sensibilität im eigentlichen Sinne Teil der taktilen Hochsensibilität ist, kommt sie um einiges häufiger vor. Aufgrund der intensiven und hochsensiblen Reaktion auf Wärme und Kälte, vertragen die meisten Betroffenen keine extreme Hitze oder extreme Kälte. Die individuelle Wohlfühltemperatur liegt bei diesen Menschen ungefähr zwischen 22 und 24 Grad Celsius, wobei schon geringe Abweichungen von nur rund einem Grad Celsius als störend und als zu heiß oder zu kalt empfunden werden. Doch nicht nur die Außentemperatur ist davon betroffen. Viele thermisch-sensitive Menschen verzehren ihre Mahlzeiten nur bei einer für sie angenehmen Temperatur. So sind warme Speisen nur lauwarm und Eis nur geschmolzen genießbar.

Visuelle Sensitivität

Menschen, die sich dieser letzten Kategorie von sensorisch hochsensiblen Menschen zuordnen lassen, reagieren vor allem sehr empfindlich auf Licht. Direkte Sonneneinstrahlung oder sehr helles Licht können Betroffene nur schwer ertragen. Visuell-sensitive Personen fühlen sich sehr schnell unangenehm geblendet und vermeiden grelles Licht. Häufig dunkeln betroffene Hochsensible ihre Fenster mit Jalousien ab oder tragen draußen fast immer Sonnenbrillen, auch wenn der Himmel bedeckt ist. Doch andere visuell-sensitive Menschen sind nicht lichtempfindlich, eher im Gegenteil. Diese Betroffenen benötigen eine bestimmte Dosis an direktem Sonnenlicht, um sich wohlzufühlen. Und bei wieder anderen macht sich die visuelle Sensitivität dadurch bemerkbar, dass sie Unruhe in ihrem Blickfeld, durch zum Beispiel flackerndes Licht oder hektische Bewegungen, nicht ausstehen können.

Emotionale Hochsensibilität

Bei dieser wohl geläufigsten Form der Hochsensibilität nehmen Betroffene ihre eigenen Gefühle um einiges stärker wahr als normalsensible Menschen. Jedem emotionalen Erlebnis wird eine unglaubliche Tiefe und Intensität zugeschrieben. Dadurch werden Emotionen fest in der Persönlichkeitsstruktur verankert und emotional aufwühlende Ereignisse müssen viel länger verarbeitet werden als bei anderen Menschen. Außerdem sind diese Erlebnisse viel näher an der Oberfläche und werden oft mit neuen Ereignissen verknüpft und erneut durchlebt. Dazu kommt, dass sich Personen, die über eine emotionale Hochsensibilität verfügen, durch eine äußerst hohe emotionale Empathie auszeichnen.

Die Gefühle von anderen Menschen und auch von anderen Tieren werden äußerst intensiv mitempfunden und manchmal auch übernommen. Diese Empathie kann sogar so stark ausgeprägt sein, dass die Betroffenen nicht mehr zwischen den eigenen Gefühlen und den Emotionen anderer differenzieren können. Diese bemerkenswert hohe Empathie wird von den betroffenen emotional hochsensiblen Personen jedoch oft als Belastung interpretiert, da sie unter anderem auch den Schmerz anderer permanent spüren, als wäre es ihr eigener. Die emotionale Hochsensibilität ist bei den meisten Hochsensiblen angeboren und wurde in den meisten Fällen mit der Zeit immer mehr verstärkt, da sich auch das Sozialverhalten weiterentwickelt hat.

Kognitive Hochsensibilität

Diese Sensitivität beschreibt in erster Linie die Art des lateralen Denkens einer Person. Laterales Denken bedeutet so viel wie Querdenken. Das heißt, dass die Gedanken einer kognitiv- hochsensiblen Person nicht linear sind, sondern insbesondere durch Assoziationen, Bilder, Gedankensprünge und Verknüpfungen geprägt sind. Manchmal fällt auch der Ausdruck radiäres Denken als Synonym im Zusammenhang mit der kognitiven Hochsensibilität. Diese Form des Denkens ist vor allem durch das sternförmige Muster geprägt, welches von einem festen Mittelpunkt in alle

Richtungen geht. Dazu kommt, dass jeder neue Gedanke mit früheren Erlebnissen, Erlerntem oder Ideen verbunden wird, wodurch ein ganz anderes Muster entsteht. Alles wird untereinander verknüpft und verbunden, sodass sich ein enormes Gedankengeflecht bildet, welches sich die kognitiv-hochsensiblen Menschen bildlich vor ihrem inneren Auge vorstellen können. Aus diesen besonderen Denkmustern resultiert das unterschiedliche Lernverhalten kognitiv Hochsensibler. Die Betroffenen lernen am besten mit einer groben Vorstellung vom Ganzen, welche dann Schritt für Schritt bis ins Detail geführt werden kann. Problematisch ist es, dass der Lernstoff an Schulen oder anderen Bildungseinrichtungen in der Regel vom Detail aus vermittelt wird. Aufgrund dessen haben vor allem kognitiv-hochsensible Kinder große Probleme in der Schule. Auch wenn es häufig zu dem Trugschluss kommt, dass Hochbegabung kognitive Hochsensibilität sei, ist dieser aus mehreren Gründen nicht wahr. Kognitive Hochsensibilität ist eine Form des Denkens und ist völlig unabhängig von der Intelligenz. Dazu kommt, dass auch viele geistig-behinderte hochsensible Individuen über eine kognitive Hochsensibilität verfügen. Außerdem ist es denkbar, dass diese bei vielen Betroffenen entweder nicht so stark ausgeprägt ist oder mit der Zeit abtrainiert wurde, damit sich die Hochsensiblen in der Schule oder in der Arbeitswelt besser zurechtfinden können. Dies ist möglich, weil den kognitiv-hochsensiblen Menschen keinesfalls die Fähigkeit des linearen Denkens fehlt. Eine gewisse Veranlagung ist bei der kognitiven Hochsensibilität bei den allermeisten Betroffenen seit der Geburt gegeben und wurde mit der Zeit gefestigt oder abtrainiert.

Geistige Hochsensibilität

Anders als die vier anderen Grundtypen wird die geistige Hochsensibilität auch als Hochsensitivität bezeichnet. Da sich diese Form hauptsächlich mit der übernatürlichen Welt befasst, wurde ihr in den wissenschaftlichen Forschungsarbeiten von Elaine Aron, in der die wissenschaftlichen Standards eingehalten worden sind, keine Beachtung geschenkt. Da sich die geistige Hochsensibilität

nicht über die körperlichen oder physischen Sinne bemerkbar macht und sich so auch nicht messen lässt, sehen die meisten Naturwissenschaftler dieses Gebiet als Hirngespinst an und ordnen es in das Reich der Märchen ein.

So lässt sich die Realität sämtlicher Wahrnehmungen, die mit der geistigen Hochsensibilität verknüpft ist, nicht mit den gängigen naturwissenschaftlichen Messungen und Methoden nachweisen. Geistig hochsensiblen Personen wird die Fähigkeit zugesprochen, eine übersinnliche Wahrnehmungskraft zu besitzen, die sogar Aspekte außerhalb des physisch möglichen Sinnesbereiches wahrnehmen können. Sie sind angeblich in der Lage, Erscheinungen von Wesen ohne einen physischen Körper, die aus der ätherischen Welt stammen, wahrzunehmen. Solche sogenannten Elementarwesen, wie Engel, Geister oder Dämonen, gehören zu diesen Erscheinungen. Außerdem sind geistig hochsensible Menschen wohl dazu in der Lage, energetische Kraftfelder zu erspüren, die man auch als Auren bezeichnen könnte. Betroffene berichten von energetischen Schwingungen, die von allen anwesenden Personen aus dem gesamten Umfeld zu kommen scheinen. Auch scheinen sie eine überhöhte Empathie zu besitzen, die es ihnen erlaubt, verborgene, unbewusste und unterdrückte Empfindungen fremder Menschen zu spüren. Manche beschreiben diese Hochsensibilität als „sechsten Sinn", der es ihnen gestattet, Ereignisse im Voraus zu erahnen oder von Geschehnissen detailliert zu träumen, die nach mehreren Tagen, Wochen oder Jahren angeblich genauso eintreffen.

Menschen, die sich intensiv mit der geistigen Hochsensibilität auseinandergesetzt haben, geben an, dass diese Hochsensitivität vor allem bei Kindern häufig vorkommt. Erwachsene seien weniger davon betroffen, da sich die geistige Sensibilität mit der Zeit verwächst, verschwindet oder aber auch abtrainiert wird, da ihre Mitmenschen für ihre übernatürliche, geistige Hochsensibilität nur wenig Verständnis aufbringen können. Insgesamt sollte man die geistige Hochsensibilität mit Vorsicht betrachten, da sich viele

Menschen, die sich als angebliches Medium bezeichnen, den Glauben und das Vertrauen der Leute erschleichen können, um diese emotional, physisch, psychisch und auch finanziell auszurauben.

Ethische Hochsensibilität

Auch diese Hochsensibilität fand bei Elaine Aron keine Erwähnung, da sie eng mit der emotionalen Hochsensibilität verknüpft zu sein scheint. Fast jeder hochsensible Mensch verfügt über einen außerordentlich starken Gerechtigkeitssinn. Die Betroffenen sind in der Lage, fein zwischen Recht und Unrecht zu differenzieren. Dazu kommt, dass ethisch hochsensible Personen meist sehr stark ausgeprägte Werte haben, über die sie sich identifizieren.

Der Nachteil ist, dass die Betroffenen Ungerechtigkeiten nicht ertragen können und sich oft einmischen, was auf Dauer zu erheblichen sozialen Schwierigkeiten führen kann. Außerdem sind manche Betroffenen menschliche Lügendetektoren, da sie einen übersteigerten Sinn für die Wahrheit haben und deutlich spüren können, wenn jemand lügt. Charakterlich sind die meisten ethisch Hochsensiblen äußerst pflichtbewusst und verfügen über einen enormen Idealismus. Das kann sogar soweit führen bis zur Selbstaufopferung und Selbstaufgabe. Die ethische Hochsensibilität ist größtenteils auch auf eine Veranlagung zurückzuführen, wird aber hauptsächlich durch die Erziehung und während der individuellen Persönlichkeitsentwicklung geprägt.

KAPITEL 2

Die täglichen Herausforderungen eines Hochsensiblen

„Das beste zum Spielen für ein Kind ist ein anders Kind."

Friedrich Fröbel (1782-1852,) deutscher Pädagoge

Egal, ob als hochsensibler Erwachsener oder als hochsensibles Kind, Menschen mit Hochsensibilität haben es schwer, in der Gesellschaft zurechtzukommen. Der Alltag im Beruf oder auch im privaten Rahmen kann eine echte Aufgabe werden, ganz zu schweigen von den Schwierigkeiten, die soziale Interaktionen mit sich bringen. Dazu kommt, dass einige Hochsensible häufiger erkranken und generell Probleme mit ihrer Gesundheit haben. In diesem Kapitel möchte ich Ihnen einen Einblick in das alltägliche Leben mit einer Hochsensibilität geben.

Der Alltag eines hochsensiblen

Auch wenn man annehmen möchte, dass sich das alltägliche Leben von Hochsensiblen grundsätzlich von dem der normalsensiblen Bevölkerung unterscheidet, sollte man von dieser Annahme absehen. Doch da Hochsensibilität keine Störung oder Erkrankung, sondern eine Wesensart und ein Persönlichkeitsmerkmal ist, lassen sich erst auf den zweiten Blick einige Unterschiede feststellen. Der wohl größte Unterschied ist das intensivere Erleben jedes einzelnen Tages. Das bedeutet, dass der Hochsensible auch entsprechend mehr Ruhe und Zeit benötigt, um diese Ereignisse verarbeiten zu können. Wie auch viele Introvertierte ist es für hochsensible Personen essenziell, einen Rückzugsort mit Privatsphäre zu haben, welcher ihnen genügend Raum und Sicherheit bietet. Das ist vor allem für hochsensible Kinder von größter Wichtigkeit! Denn HSK kommen mit ihrer Hochsensibilität noch nicht so gut zurecht und können nicht gut damit umgehen. So liegt es meist an den Eltern, ihre Kinder zu schützen und ihnen ihren Rückzugsort zu gewähren. In diesem geschützten Raum hat niemand anders unerlaubt Zutritt und so kann sich der Betroffene entspannen und von den intensiven Sinneseindrücken erholen. So kann einer Reizüberflutung und Überforderung entgegengewirkt werden, da der Hochsensible seine Batterien aufladen und so genügend Energie tanken kann, um für den nächsten anstrengenden Tag gerüstet zu sein. Wenn der Betroffene von den letzten Tagen sehr erschöpft ist, kann es sein, dass er für die nächsten zwei bis drei Tage jeglichen Interaktionen aus dem Weg geht. Das sollte von Freunden oder der Familie auf keinen Fall persönlich genommen werden, da ein solches Verhalten nicht böse gemeint ist. Man sollte eine solche Entscheidung als Außenstehender respektieren und dem Betroffenen den Raum zur Verfügung stellen, den er benötigt. Ansonsten kann die Beziehung schnell in die Brüche gehen, da sich der Hochsensible dazu gezwungen sieht, für den anderen da zu sein. So wird möglicherweise ein Teufelskreis in Gang gesetzt, weil sich der Betroffene sehr schnell überfordert und gereizt fühlt, was wiederum auf die Angehörigen abfärbt und dann den Betroffenen noch mehr stresst. Trotzdem neigen Hochsensible dazu, sich in ihrer sicheren Burg zu verschanzen und zu isolieren. Das tut ihnen auf Dauer auch

nicht gut. Um die individuelle und empfindliche Balance zwischen Ruhe und äußerlichen Einflüssen aufrechterhalten zu können, müssen die Betroffenen viel Kraft investieren.

Erlebnisse, die ganze Wellen an Emotionen auslösen, wie zum Beispiel Feiern, Kinobesuche, Konzerte oder auch schon ein unverbindliches Treffen mit Freunden, können für Betroffene eine große Herausforderung darstellen. Solche Großereignisse hinterlassen einen starken Eindruck und stellen eine Fülle an Informationen, Emotionen und Details zur Verfügung, die ausgewertet und verarbeitet werden müssen, da die Betroffenen bei einer so großen Menge auch nicht in der Lage sind, dies alles zu filtern.

Doch auf der anderen Seite empfinden viele hochsensible Menschen eine immerwährende Monotonie irgendwann als quälend und unerträglich. Betroffene versuchen sich Abwechslung zu verschaffen, Neues zu lernen oder einen Tapetenwechsel zu vollziehen. Hilfreich ist dabei vor allem die Selbstständigkeit. Denn so sind die Betroffenen freier in ihren Entfaltungsmöglichkeiten und können sich die Arbeiten und Aufgaben selbst einteilen. Letztendlich ist jeder Hochsensible individuell und jeder ist mit anderen Problemen in seinem Alltag konfrontiert. Wichtig ist es, sich selbst, seine Bedürfnisse und Grenzen gut zu kennen, damit man ein ausgeglichenes, glückliches Leben führen kann.

Das Sozialverhalten von Hochsensiblen

Auf der sozialen Ebene fällt auf, dass vor allem hochsensible Kinder häufig sehr zurückgezogen und schüchtern sind. Im Kindergarten oder in der Grundschule spielen sie oft allein und werden als Außenseiter betrachtet, da sie nicht wissen, wie sie sich in einer sozialen Gruppe integrieren können. Meistens sind sie so sehr in ihr Spiel versunken, dass sie die Welt um sich herum vergessen. Wenn ein Altersgenosse jedoch von sich aus auf diese Kinder zugeht, sind sie durchaus offen und fühlen sich in der Gesellschaft von anderen Kindern wohl. Auch bei der Kommunikation zeigen sich einige Unterschiede. HSK verwenden häufig eine nicht altersgemäße, hochgestochene Sprache und sind Gleichaltrigen häufig auch inhaltlich überlegen. Die hochsensiblen Kinder tendieren eher zu tiefgreifenden als zu oberflächlichen Gesprächen und zeichnen sich zudem durch eine bildhafte Sprache und bildhaftes, detailreiches Denken aus. Im Gegensatz dazu kann es passieren, dass hochsensible Kinder häufiger als ihre Altersgenossen motorische Probleme haben und im Allgemeinen eher ungeschickt sind.

Die Stellung als Sonderling verlieren Hochsensible und vor allem hochsensible Kinder in der Gesellschaft nicht so schnell. Das liegt vor allem daran, dass Menschen mit Hochsensibilität ihr Umfeld intensiver wahrnehmen und dementsprechend heftiger auf Reize reagieren. Das kann auf andere Kinder befremdlich wirken, da es für sie unverständlich ist, dass das HSK bei Gerüchen, unerwarteter Berührung, lauten Geräuschen oder scharfen Speisen sehr empfindlich reagiert. Dadurch, dass schon kleine Reize stark wahrgenommen werden, lassen sich HSK in der Schule oder auch schon im Kindergarten schnell ablenken, was sich negativ auf die späteren Noten auswirken kann. Dazu kommt, dass sich bei einem starken inneren Konflikt, einer hohen Reizüberflutung oder einer Überforderung Ticks entwickeln, die jedoch wieder verschwinden, wenn der Konflikt gelöst ist. All dies, für Normalsensible, sonderbare Verhalten hat zur Folge, dass hochsensible Kinder und auch Erwachsene oft ausgegrenzt werden. Oft stoßen sie auf Ablehnung und der Anweisung, sie sollen sich nicht so anstellen und sich besser anpassen. Doch wie Hochsensibilität in der Gesellschaft wahrgenommen wird, ist von Kulturkreis zu Kulturkreis unterschiedlich. HSP werden in der westlichen Welt, aufgrund der allgemeinen kulturellen Einstellung, nicht besonders hoch angesehen. Anders verhält es sich im asiatischen Raum, insbesondere in China. Hier wird Sensitivität als etwas Positives empfunden. Hochsensible Kinder werden im Kindergarten und in der Grundschule von Gleichaltrigen gemocht und respektiert.

Auch wenn man leicht zu der Annahme verleitet wird, dass Hochsensiblen eine gewisse soziale Inkompetenz zuzuschreiben ist,

sind die meisten hochsensiblen Menschen mitunter sozial sehr kompatibel. Sie können die Körpersprache, Stimmfärbung und die Gefühle ihres Gegenübers sehr präzise differenzieren und deuten. So haben sie schon von klein auf die Fähigkeit, gut auf Ihren Gesprächspartner und dessen Wünsche eingehen zu können. Das liegt hauptsächlich daran, dass HSK schon früh eine große emotionale Empathie aufweisen, mithilfe derer sie Ironie, Sarkasmus, Metaphern und andere sprachliche Bilder gut verstehen können. Außerdem sind sie in der Lage, sich so gut in die Gefühlswelt anderer hineinzuversetzen, dass die Hochsensiblen extrem mit anderen mitfühlen und auf deren Emotionen intensiv reagieren. Aufgrund dieser Fähigkeit tendieren HSK dazu, sich um alles und jeden zu kümmern und sich selbst regelrecht aufzuopfern. Auch als Erwachsene können diese Personen das Verhalten nicht mehr ablegen. Sie haben sich so gut in diese Rolle eingefunden, dass sie sich manchmal auch ungewollt in die Angelegenheiten anderer einmischen. Sie versuchen, Probleme für andere zu lösen, kümmern sich um Sorgen und Probleme oder entwickeln Lösungsvorschläge und das auch bei Menschen, die sie eigentlich gar nicht so sehr mögen.

Ein solches Verhalten wird von den meisten Mitmenschen positiv bewertet und bringt große Beliebtheit mit sich. Das ist auch einer der Gründe, warum sich Hochsensible in dieser Rolle so wohlfühlen. Man fühlt sich wertvoll, gebraucht, stillt sein eigenes Harmoniebedürfnis und lenkt sich von den eigenen Problemen für eine Weile ab. Manche Hochsensible machen dieses Bedürfnis sogar zu ihrem Beruf. Doch muss die HSP darauf achten, sich nicht selbst aufzugeben und auch auf sich zu achten. Auf Dauer ist es nicht gesund, die Probleme anderer mit sich herumzutragen. Außerdem geraten solche Menschen schnell in toxische Beziehungen mit Personen, die die Gutmütigkeit ausnutzen. Es ist also von großer Bedeutung, das Gleichgewicht zu finden.

Hochsensibilität und Beruf

Im Beruf ist es für hochsensible Menschen schwierig, Fuß zu fassen. Das liegt vor allem daran, dass wir in einer Leistungsgesellschaft leben, die nur wenig für Sensibelchen und Gefühlsduseleien übrig hat. Doch der immerwährende Leistungsdruck schlägt vielen hochsensiblen Menschen auf den Magen. Niederlagen werden um einiges intensiver wahrgenommen und die Konkurrenz zwischen den Mitarbeitern kann zum Höllentrip werden. Die Welt dreht sich immer schneller und man erwartet immer mehr von den Angestellten und das kann auch schon bei normalsensiblen Menschen zum Burnout führen, ganz zu schweigen von den Hochsensiblen. Um im Beruf nicht unterzugehen, ist es wichtig, dass sich die Betroffenen ihrer Hochsensibilität bewusst sind. Generell sollte man sich selbst gut kennen, um die eigenen Kapazitäten möglichst nicht zu übersteigen. Die Berufswahl kann entscheidend sein, denn ein Job, der keinen Spaß macht, belastet nur. Viele Hochsensible kommen hervorragend in ihrem Berufsalltag klar, da sie sich ihren Tagesablauf sorgfältig strukturieren und auf sich selbst achten. Schon der Start in den Tag kann entscheidend sein. Am besten sollte man sich ein angenehmes morgendliches Ritual aneignen, welches Chaos vorbeugen kann. Das kann ein Tee oder Morgensport sein beziehungsweise es können auch Atemübungen sein. Außerdem ist es sinnvoll, wenn man sich den Wecker eine viertel bis halbe Stunde früher stellt, um noch Zeit für sich zu haben, bevor der tägliche Wahnsinn startet. Achtsamkeit ist generell ein gutes Gegenmittel für den Stress und die daraus resultierende Reizüberflutung. Gerade für Hochsensible ist es wichtig, im Hier und Jetzt zu bleiben, statt sich noch zusätzlich mit längst Vergangenem zu belasten.

Das Geheimnis der Achtsamkeit liegt darin, dass man sich darin übt, die Dinge ohne jegliche Wertung so hinzunehmen, wie sie sind. Wenn ein hochsensibler Mensch es nicht schafft, Ereignisse, Menschen, Gefühle, Gedanken und Reize an sich vorbeiziehen zu lassen, kann der Berufsalltag zur Hölle auf Erden werden. Der Hochsensible fühlt sich schnell dazu verleitet, die Arbeit über die eigenen Bedürfnisse zu stellen. Das kann zu einem großen Problem werden, denn wenn die HSP sich keine achtsamen Ruhepausen

gönnt, kommt es schnell zur Überforderung und im schlimmsten Fall zum Burnout. HSP müssen also lernen, auf ihre eigenen Bedürfnisse zu achten und diesen einen gewissen Raum zu geben. Das gilt nicht nur für ausreichend Essen und Trinken, sondern auch für die Handhabung von sozialen Kontakten. Denn Hochsensible neigen dazu, den Stress des Arbeitsalltages mit in die Pausen und in den Feierabend zu nehmen. Dem zugrunde liegt unter anderem der Perfektionismus, der vielen Hochsensiblen zu eigen ist. Wer hier nicht lernt, Berufliches von Privatem zu trennen, ist einer enormen Reizüberflutung ausgesetzt. Ein wichtiger Tipp für berufstätige Hochsensible ist, nach einem anstrengenden Arbeitstag langsam zu entschleunigen. Das bedeutet, bevor man sich auf den Nachhauseweg macht, sollte man sich vielleicht allein auf eine Bank im Park setzen, einen Umweg durchs Grün machen oder einfach nur spazieren gehen. Denn so hat man als hochsensibler Mensch die Möglichkeit, das

Erlebte zu verarbeiten und damit abzuschließen. So kann man verhindern, dass sich Beruf und Freizeit zu sehr vermischen.

Gesundheit

Die Gesundheit ist bei Hochsensiblen eine Sache für sich. Viele leiden an einer starken sensorischen Hochsensibilität und nehmen dadurch auch die Symptome einer Krankheit intensiver wahr. Doch wenn der Hochsensible an einen Arzt gerät, der für seine Hochsensibilität nur wenig übrig hat, werden die Betroffenen schnell als Hypochonder oder psychisch labil eingestuft. Das hat zur Folge, dass die Hochsensiblen ständig ihre Ärzte wechseln und in ein regelrechtes Doctor-Hopping verfallen. Man geht davon aus, dass hochsensible Menschen häufiger erkranken als normalsensible Personen. Das gilt vor allem für psychische Störungen sowie für den Bereich der Psychosomatik. Obwohl Hochsensibilität weit davon entfernt ist, eine psychische Erkrankung zu sein, leiden Betroffene durch ihr Umfeld und an inneren Konflikten. Betroffenen fällt es schwer, ihre Bedürfnisse zu erkennen und zu kommunizieren. Das liegt vor allem an ihrem häufig geringen Selbstvertrauen und ihrem

Hang zur Aufopferung. Hochsensible bemerken schon früh, dass sie anders sind als ihre Altersgenossen und sind dadurch meist sehr verunsichert. Weil es einigen Betroffenen schwerfällt, ihre Hochsensibilität vollständig zu akzeptieren, nehmen sie ihre hochsensiblen Merkmale als etwas Schlechtes und Krankhaftes wahr.

Dazu kommt, dass eine unverstandene Hochsensibilität psychische Störungen, wie zum Beispiel Angststörungen, Verstimmungen, vegetative Dystonie, Anpassungsstörungen, Fibromyalgie, Antriebslosigkeit, Depressionen oder bei hochsensiblen Kindern auch ADHS, begünstigen kann. Treten solche psychischen Probleme als Begleiterscheinung auf, ist es für den behandelnden Therapeuten schwierig, zwischen den besonderen persönlichen Bedürfnissen des Hochsensiblen und den Symptomen der psychischen Erkrankung zu differenzieren. Denn manchmal können diese Symptome die Folge der Hochsensibilität sein, die aus einer Überlastung oder Überforderung aufgrund einer Reizüberflutung entstehen. Doch in anderen Fällen kann sich die Symptomatik auch unabhängig von der Hochsensibilität entwickeln. Ein guter Ansatz bei der Psychotherapie von hochsensiblen Menschen ist es, den Betroffenen Selbstbewusstsein und Selbstakzeptanz beizubringen, damit diese sich selbst und ihre Hochsensibilität besser verstehen und annehmen können. Denn das stellt die Grundlage für den zweiten Schritt einer Therapie dar: Die Betroffenen müssen lernen, mit ihrer Hochsensibilität und der daraus resultierenden Reizüberflutung und Überforderung umzugehen. Nach und nach lernt der Patient dann Strategien anzuwenden, um sich in seinem alltäglichen Leben besser zurechtzufinden.

Gerade bei psychisch auffälligen hochsensiblen Kindern
ist es wichtig, so früh wie möglich pädagogische Maßnahmen einzuleiten und zu intervenieren, wenn es nötig
ist. Denn es ist wichtig, das Kind von klein auf an seine
Hochsensibilität zu gewöhnen. Zwar sollte der behandel-
nde, diagnostizierende Psychologe bei dauerhaften und
starken psychischen Problemen eine medikamentöse Behandlung

sowie eine Gesprächs- oder Verhaltenstherapie in Erwägung ziehen. Dennoch ist es von großer Wichtigkeit, dass
bei sehr sensiblen Patienten eine mögliche Hochsensibilität immer mit erwogen werden sollte. Denn bei der Behandlung eines psychisch erkrankten Hochsensiblen sollte
die Therapie auf jeden Fall unter Berücksichtigung der
Hochsensibilität behandelt werden. Denn bei HSP ist die
Toleranzschwelle für Stress und Reize um einiges niedriger
als bei Normalsensiblen. Aufgrund dessen sind Betroffene deutlich öfter wegen stressbedingter Störungen und
Krankheiten in ärztlicher Behandlung. Denn aus dauer-
haftem Stress und Überforderung folgen besonders schnell
psychosomatische Beschwerden. Insbesondere hochsensible Kinder klagen über Bauch- oder Kopfschmerzen
bei Überreizung und Überforderung. Oft verfolgen auch
Erwachsene die Strategie der Unterdrückung der Gefühle.
Doch dies führt nur dazu, dass sich all diese Emotionen
negativ auf den Körper auswirken. Denn Körper und Geist
sind in einem empfindlichen Gleichgewicht und hochsensible Menschen spüren sofort, wenn dieses System aus

der Balance gerät. Auch normalsensible Menschen kennen den Ausdruck und das Gefühl, wenn Liebe oder Ärger auf den Magen schlagen. Doch die Schmetterlinge im Bauch können bei Hochsensiblen dazu führen, dass sie sich erbrechen müssen oder der Ärger kann zu einem Magengeschwür werden, unter dem der Betroffene jahrelang leidet. Auch zahlreiche Hautprobleme, wie beispielsweise Neurodermitis oder Akne, können psychosomatisch bedingt sein. An psychosomatischen Beschwerden können vor allem Hochsensible schnell und intensiv erkranken, was an ihrer empfindlichen Psyche liegt.

Die Herausforderungen bei der Erziehung hochsensibler Kinder

„Die größte Kunst ist,

den Kleinen alles, was sie tun oder lernen sollen, zum Spiel und Zeitvertreib zu machen."

John Locke (1632-1704), englischer Arzt und Philosoph

Der Alltag mit hochsensiblen Kindern kann für die Eltern eine echte Herausforderung sein. Um einen guten Draht zu dem hochsensiblen Kind zu behalten, ist es wichtig, ein grundlegendes Verständnis für ihre Hochsensibilität aufzubringen. Die meisten HSK wirken kontaktscheu, ängstlich, teilnahmslos, unsicher und zurückhaltend oder werden von ihrem Umfeld oft als Sensibelchen, Angsthase oder Mimose abgestempelt. Die Loslösung vor allem von der Mutter bei der Integration und Sozialisierung in Kindergärten fällt vielen betroffenen Kindern schwer. Doch stecken sie voller Potenziale, die sie erst dann voll entfalten können, wenn ihnen Sicherheit und Akzeptanz geboten werden. Die Sozialisierung mit anderen Kindern fällt ihnen deutlich schwerer als Gleichaltrigen. Ist ein HSK neu in einer Gruppe, ist es nicht ungewöhnlich, wenn es die ersten paar Wochen allein spielt und Altersgenossen nur still beobachtet. Erst nach einiger Zeit gesellen sich die HSK zu anderen, eher ruhigen Kindern, und fassen langsam Vertrauen zu diesen. Doch lauten und fordernden Kindern gehen sie grundsätzlich erst einmal aus dem Weg, da sie sich von diesen eher überfordert fühlen.

Oftmals stehen hochsensible Kinder Ängste durch, wenn sie sich mit einer neuen, sozialen Situation konfrontiert sehen. Leider verkennen die Eltern in den meisten Fällen das eigentliche Problem und können ihre Kinder so nicht optimal unterstützen. Doch schon allein das Wissen um die Hochsensibilität kann den Alltag maßgeblich, sowohl für die Kinder als auch für die Eltern, erleichtern. In den meisten Fällen wird das extrem vorsichtige und zurückhaltende Verhalten missverstanden. Ihre eigentlichen Potenziale werden falsch interpretiert und verkannt. Denn HSK sind sehr verlässlich, einfühlsam und empathisch. Sie können unglaublich gut beobachten und wählen ihre Worte und Taten bedacht. Wenn verzweifelte Eltern auf den Begriff der Hochsensibilität stoßen und ihr eigenes Kind darin wiedererkennen, fällt ihnen ein großer Stein vom

Herzen. Denn dann wissen sie, das Verhalten ihres Kindes richtig einzuordnen.

Und statt sich Sorgen um eine mögliche Entwicklungsstörung oder Verhaltensauffälligkeit machen zu müssen, können sie das HSK bestmöglich unterstützen und gemeinsam mit ihm den Alltag bewältigen. Hochsensibilität kann vor allem bei Kindern, die unter familiären Konflikten, psychischen Traumata oder unter Problemen bei der Sozialisation leiden, zu krankhafter Schüchternheit oder Introversion führen. Es ist möglich, dass daraus auch eine allgemeine negative Emotionalität entsteht. Auf jeden Fall haben die

Erziehung und die Prägung in der Kindheit und Jugend einen enormen Einfluss auf die hochsensiblen Betroffenen. Kinder, die von ihren Eltern eher abhängig gemacht und bevormundet wurden, neigen stärker zur Hochsensibilität. Es kommt nachweislich zu einer positiveren Prägung, wenn die Eltern ihren Kindern zwar Zuneigung und Fürsorge schenken, sie aber nicht überbehüten und ihnen Verantwortung geben, Vertrauen schenken sowie Selbstständigkeit gewähren. Denn ein hochsensibles Kind mit Helikoptereltern wird es im Erwachsenenalter schwer haben. Da auch Hochsensibilität nachweislich zu einem gewissen Teil in den Genen liegt, ist es keine Seltenheit, dass hochsensible Kinder auch hochsensible Eltern haben. Eine solche Beziehung macht auf der einen Seite vieles leichter, verkompliziert die emotionale Bindung auf der anderen Seite allerdings auch. Die Verbundenheit einer hochsensiblen Mutter oder eines hochsensiblen Vaters zu ihrem oder seinem hochsensiblen Kind ist um einiges stärker. Doch aufgrund dieser fehlenden Abgrenzung gibt es auch mehr Schwierigkeiten bei der Erziehung des Kindes. Hochsensible Eltern sind schneller überfordert und nicht in der Lage, dem Kind Sicherheit in Form einer starken Führung zu geben. Hochsensible Eltern verschmelzen förmlich mit ihrem Kind und nehmen es nicht als eine eigene Persönlichkeit wahr, das kann für viele Kinder belastend sein. Dazu kommt, dass die meisten hochsensiblen Elternteile ihren Kindern viel zu viel abnehmen, sodass das Kind nicht lernt, allein aus einer Krise zu finden. Mangelndes Selbstvertrauen und ein Abhängigkeitsverhältnis können die Folgen daraus sein. Im Folgenden möchte ich Ihnen einige Tipps an die Hand geben. Mit diesen Regeln können Sie lernen, mit Ihrem hochsensiblen Kind einen besseren Umgang zu pflegen.

5 Regeln für den Alltag mit hochsensiblen

Kindern

1. Reduzieren Sie die Reize.

Für HSK ist es besonders schwierig zu erfassen, was genau sie stresst oder überfordert. Eine Überreizung erzeugt ein lähmendes Gefühl von Ohnmacht, aus dem sich das Kind nicht selbst befreien kann und auf die Eltern angewiesen ist. Aufgrund dessen ist es wichtig, dass die Eltern ihr Kind und dessen Bedürfnisse sowie Grenzen ganz genau kennen, um in belastenden Situationen die Notbremse ziehen zu können. Wenn die Eltern Bescheid wissen, können sie die Hochsensibilität ihres Kindes anderen signalisieren und es aus der inneren oder äußeren Reizüberflutung retten. Außerdem ist es wichtig, die HSK vor Überreizung zu schützen. Bei einer akuten Überreizung kann es helfen, den Medienkonsum, Ausflüge, Besuche sowie die Auswahl an Spielzeugen, Kuscheltieren und Möglichkeiten zu reduzieren. Auch ein aufgeräumtes Zimmer und Ruheplätze können helfen. Das Kind sollte ausreichend Schlaf bekommen sowie genügend Essen und Trinken zu sich nehmen. Aufgrund der erhöhten sensorischen Sensibilität ist es ratsam, auch auf eine gute Körperpflege und Kleidung, an der sich das Kind nicht stört, zu achten. Doch die fürsorglichen Eltern sollten sich auch ins Bewusstsein rufen, dass auch sie selbst zur Überforderung beitragen können. Deshalb ist es sinnvoll, dem Kind auch eine gewisse Zeit für sich allein zur Verfügung zu stellen. Ein Tipp von mir: Wenn sich das HSK immer mehr hochschaukelt und nicht merkt, dass es immer heftiger von Reizen überflutet wird, versuchen Sie, für eine kurze Zeit mit auf dieser Welle der Energie zu reiten. Anschließend sollten Sie diese Welle dann langsam abklingen zu lassen, indem man es zum Beispiel langsam ablenkt und die Situation beruhigt wird.

1. Achten Sie auf klare Führung und setzten Sie klare Grenzen.

Insbesondere Kinder und Kleinkinder brauchen eine Bezugsperson, die ihnen eine klar formulierte Richtlinie vorgibt, welche ihnen Sicherheit gewährt. Das HSK ist schnell überfordert, wenn man ihm zu früh bereits zu viel Entscheidungsfreiheit gibt. Um eine solche Führung gewährleisten zu können, muss man als Elternteil zum einen Disharmonie, die Launen und das Revoltieren des Kindes oder gar Beleidigungen aushalten können. Auch wenn es schwerfällt, bleiben sie möglichst unbeeindruckt und gelassen, ohne die Anfeindungen persönlich zu nehmen. Zum anderen ist es wichtig, bei Grenzüberschreitungen und Regelbrüchen Konsequenzen folgen zu lassen. Ihr Kind wird versuchen, Sie und Ihre Regeln oder Grenzen auszureizen und zu testen. Wenn Sie sich immer wieder dazu verleiten lassen, dem Kind seine Fehler durchgehen zu lassen, weiß es nicht, woran es ist, und wird unsicher. Arbeiten Sie auf altersgemäße, faire Grenzen, die sie nicht weiter mit dem Kind ausdiskutieren. Zu diesen Richtlinien zählen unter anderem auch das Schaffen von festen Ritualen und Abläufen. Das bedeutet, dass Zeiten festgelegt werden, an denen sich das Kind orientieren kann. Zum Beispiel gibt es Frühstück, Mittag- und Abendessen immer zur selben Zeit oder man entwickelt zusammen mit dem Kind ein morgendliches und abendliches Ritual. Eine solche Strukturierung kann den Stress des HSK maßgeblich reduzieren. Denn nur wenn das Kind lernt, Verantwortung zu übernehmen, wird es selbstständig und kann den Tagesablauf irgendwann allein planen und sich managen. Denn erst, wenn das Kind lernt, Grenzen zu achten, kann es seine Freiräume genießen.

1. Erschaffen Sie Rückzugsorte.

Da hochsensible Kinder schnell Stress ausgesetzt sind, ist es wichtig, ihnen eine persönliche Ruhe-Ecke zur Verfügung zu stellen. Besonders nach einem anstrengenden Kindergarten- oder Schultag benötigen HSK vor allem Erholung von sozialen Interaktionen, Lautstärke und Hektik. Ihre Rückzugsorte sollten daher ruhig, abgeschirmt und am besten ohne den Einfluss von Fernseher, Radio oder Smartphone sein, denn diese Geräte bringen weitere neue

Stimulationen. Am besten wählen Sie einen solchen Ort möglichst mit Ihrem Kind zusammen aus. Alternativ können Sie auch einen Platz suchen, an den es sich von selbst gern hin und wieder mal zurückzieht. Vor allem dann, wenn sich Geschwister ein Zimmer zusammen teilen, ist es von großer Wichtigkeit, dass jedes der Kinder irgendwo einen privaten Ort hat, an dem es ganz für sich sein kann.

1. Geben Sie Ihrem HSK Geborgenheit und Zuwendung.

HSK brauchen viel Ruhe, Regeln, aber auch Körpernähe, Geborgenheit und vor allem eines: ihre liebenden Eltern! Versuchen Sie immer für Ihr Kind da zu sein und ihm Liebe, Unterstützung, Aufmerksamkeit und Zuwendung zu schenken. Doch die Nähe sollte von dem Kind ausgehen, denn viele HSK haben ein sehr feines Gespür für Nähe und Distanz entwickelt. Dazu gehören auch aktives Zuhören, Verständnis und das Kind ernst zu nehmen. Egal in welchem Alter das Kind ist, wenn es traurig ist oder leidet, ist es immer besser, Trost zu spenden, statt es zu beruhigen. Beruhigung bedeutet, das Kind von seinem Schmerz abzulenken und damit zu verhindern, dass es schreit oder weint. Doch das löst das Problem nicht und kann schnell in einem Teufelskreis enden. Trösten bedeutet auf das Kind einzugehen und der Ursache für sein Verhalten auf den Grund zu gehen. Das ist zwar anstrengender, hilft dem Kind letztendlich aber besser, da der Kern des Problems aus der Welt geschafft werden konnte.

1. Planen Sie Veränderungen.

Veränderungen sind für alle Kinder schwer, das gilt vor allem für hochsensible. Wichtig ist es, im Voraus zu planen und das HSK nicht einfach vor vollendete Tatsachen zu stellen. Veränderungen machen Angst und sollten mit viel Geduld von den Bezugspersonen, Zeit und Hilfe verarbeitet werden. Dabei sollte man auf das individuelle Tempo des Kindes achten und es nicht drängen oder unter Druck setzen. Zum Beispiel kann ein Umzug mit dem Kind schon Monate vorher besprochen werden und man kann es so sanft damit bekannt machen, um es besser einzugewöhnen. Wenn es schließlich zu dem unvermeidlichen Umschwung kommt, ist es hilfreich, sich an möglichst viele vertraute Rituale zu halten.

Beziehungen und Freundschaften hochsensibler

Kinder

Das Sozialverhalten hochsensibler Kinder ist in den meisten Fällen eher reduziert. Auch, wenn viele Eltern sich deshalb große Sorgen machen, weil man im Allgemeinen der Ansicht ist, dass besonders viele soziale Kontakte gut für die kindliche Entwicklung sind. Doch dies verhält sich bei Hochsensiblen ein wenig anders. Zu viele soziale Kontakte können für das hochsensible Kind sogar mehr schaden, als nutzen. Versuchen Sie also nicht, Ihrem Kind sozialen Kontakt aufzudrängen. Ein gesundes, glückliches HSK hat meistens ein bis zwei sehr gute Freunde, mit denen es sich gut versteht und an die es ankern kann. Das ist auch in Ordnung, denn ihr Kontaktbedürfnis geht selten darüber hinaus.

Sollte sich Ihr Kind allerdings immer weiter zurückziehen und keine Kontakte zu Freunden pflegen, sollten Sie dennoch eingreifen und ggf. hin und wieder ein anderes Kind zu sich nach Hause einladen. Eine andere Möglichkeit wäre das Angebot an einer Teilnahme an einem Sportverein. Diese Sozialisierungsversuche sollten jedoch niemals ohne das Einverständnis des Kindes stattfinden.

Die wenigen sozialen Kontakte werden jedoch durch ihre Tiefe wettgemacht. Hochsensible Kinder sind außergewöhnlich stark nach Beziehung orientiert. Mit der Zeit bauen die Kinder eine tiefe Beziehung zu einer Bezugsperson auf. Diese Verbundenheit ist für die HSK wie ein Anker und sollte diese Beziehung über lange Zeit stabil bleiben, wachsen sie über sich hinaus. Eine gute Beziehung bedeutet für die hochsensiblen Kinder Sicherheit und Orientierung vor allem in neuen Situationen.

Erziehungsempfehlungen für hochsensible

Kinder

„Zwei Dinge sollten Kinder von ihren Eltern bekommen: Wurzeln und Flügel."

Johann Wolfgang von Goethe (1749-1832),

deutscher Dichter

Kinder erziehen ist keine einfache Aufgabe!

Und wenn dann das Kind hochsensibel ist, kann sich die Erziehung noch um einiges schwieriger gestalten. Sie haben bereits die fünf wichtigsten Regeln im Umgang mit hochsensiblen Kindern kennen gelernt, doch es gibt noch viele andere Tipps und Tricks, um das Wohlbefinden des Kindes zu steigern und eine erfolgreiche Erziehung bewerkstelligen zu können!

Normale Erziehungsmethoden als Gefahr

Doch leider ist gut gemeint nicht immer gut gemacht, denn auch viele Erziehungsratgeber schlagen Erziehungsmethoden vor, die bei einem durchschnittlich sensiblen Kind vielleicht super funktionieren würden, ein HSK jedoch schädigen. Normale Erziehungsmethoden können bedauerlicherweise eine gewisse Gefahr für das hochsensible Kind darstellen. Zum Glück ist man sich mittlerweile einig, dass grausame und gewalttätige Erziehungsmethoden jedem Kind, ob hochsensibel oder nicht, großen körperlichen und seelischen Schaden zufügen können. Doch auch scheinbar harmlose erzieherischen Maßnahmen können für das Kind negativ prägend sein. Ein absolutes No-Go im Umgang mit hochsensiblen Kindern ist das typische Anschreien oder Ausschimpfen.

Gerade in Situationen, die für das HSK aufgrund seiner Hochsensibilität entstanden sind, sollten Sie das Kind auf keinen Fall dafür rügen. Das Schwierige dabei ist, dass man solche Situationen nur schwer erkennen kann. Vielleicht möchte das Kind partout nicht ins Bett, weil es Angst vor Monstern hat, obwohl das jahrelang kein Thema gewesen war. Oder es sitzt stundenlang an seiner Mathehausaufgabe, die es gestern in 10 Minuten erledigt hatte. Da kann man als Elternteil schon mal verrückt werden. Doch die Kinder verhalten sich nicht auf diese Weise, um Sie persönlich zu ärgern.

Sie steigern sich nur so sehr in eine Situation hinein oder lassen sich ablenken, weil ihre Hochsensibilität ihnen einen Streich spielt. Sollte dieses Kind dann in dieser Situation bestraft werden, wird es mit der Zeit lernen, dass sein Gefühl und auch es selbst nicht richtig ist. Dann beginnt das HSK in der Folge daraus seinen eigenen Emotionen Misstrauen entgegenzubringen und sie dann auch immer mehr zu ignorieren oder zu übergehen. Das kann sogar krankhaft werden, wenn das Kind vielleicht sogar innerlich leer wird, nichts mehr fühlt oder sich eher auf die Gefühle anderer konzentriert, weil die eigenen Emotionen als unwahr und übertrieben bewertet werden. Doch solange Sie sich an die Regeln halten und die Tipps im Umgang mit hochsensiblen Kindern beherzigen und ein gewisses Gespür für die Hochsensibilität Ihres Kindes entwickelt haben, können Sie diese Erziehungsfehler umgehen.

Stärkung des Selbstwertgefühls

Die meisten hochsensiblen Menschen neigen dazu, ein schlechtes Selbstbewusstsein und Selbstwertgefühl zu haben. Das liegt vor allem daran, dass einigen Hochsensiblen immer wieder das Gefühl gegeben wird, dass sie und ihre Emotionen nicht richtig sind. Auch hochsensible Kinder können sich bereits in diese Richtung entwickelt haben. Sollten Sie bemerkt haben, dass sich ihr Kind zurückzieht, traurig oder niedergeschlagen wirkt, sollten Sie hellhörig werden. Wenn das Kind dann noch Anmerkungen macht, dass es unter Minderwertigkeitsgefühlen leidet, können Sie sich sicher sein, dass das hochsensible Kind ein schwaches Selbstwertgefühl hat.

Der Vorteil ist, dass Kinder noch in der Entwicklungsphase sind und das Kind noch nicht in den sprichwörtlichen Brunnen gefallen ist. Auch Kinder beginnen schon sich mit Gleichaltrigen zu vergleichen und sich daran zu bewerten. Leider bekommen Leistungen vor allem im schulischen Rahmen einen hohen Stellenwert. Durch die täglichen Probleme, die mit der Hochsensibilität einhergehen, sind viele Kinder nicht in der Lage, sich auf die Schule und die Aufgaben zu konzentrieren und schneiden deshalb auch meist schlechter ab.

Wichtig ist es, an dieser Stelle anzusetzen, auf das Kind zugeschnittene Lernstrategien zu entwickeln und sich auf andere Stärken des Kindes zu konzentrieren. Viele hochsensible Kinder glänzen durch große Kreativität, Anteilnahme und Empathie. Sorgen Sie dafür, dass es diese Qualitäten lernt zu schätzen und anzuwenden.

Außerdem sollten Sie darauf achten, dass Sie Ihrem Kind nicht das Gefühl geben, dass mit ihm etwas nicht stimmt. Auch wenn Sie selbst zu Beginn besorgt sind und versuchen, dass Ihr Kind die bestmögliche Behandlung erhält, sehen Sie davon ab, Ihr Kind von Arzt zu Arzt zu schleppen. Das Kind merkt schon früh, dass es sich in einigen Punkten von den anderen unterscheidet und ein Diagnosemarathon lässt das Kind vermuten, dass diese Unterschiede schlecht und gar krankhaft sind. Des Weiteren sollten Sie versuchen, das Kind und seine Sensibilität ernst zu nehmen und nicht zu verurteilen.

Problematisch kann auch die für Hochsensible typische Tendenz zum Perfektionismus werden. Denn durch die Hochsensibilität fallen auch kleine Fehler und unstimmige Details mehr auf. Das gilt natürlich auch für die eigenen, persönlichen Schwächen und Makel. Als Elternteil können Sie Ihrem hochsensiblen Kind auf den Weg geben, dass kleine Fehler in Ordnung sind und dass Perfektion nicht das Ziel sein muss. So schaffen Sie es zumindest den Druck von außen auf das Kind zu minimieren.

Praktische Übungen, wie Sie ihrem Kind helfen können, mehr Selbstbewusstsein aufzubauen können wie folgt aussehen:

1. Stärken Sie die Achtsamkeit Ihres Kindes.

Versuchen Sie mit Ihrem Kind in einem ruhigen Moment seine Selbstachtsamkeit zu steigern. Leiten Sie es an, in sich hineinzuhören und die eigenen Wünsche und Bedürfnisse zu erkennen. Denn das ist für hochsensible Kinder eine echte Herausforderung, weil sie es gewohnt sind, diese zu übergehen! Auch wenn die Stimme zu Beginn noch sehr leise ist, kann sie mit der Zeit immer lauter werden, das ist nur eine Sache der Übung. Sobald das Kind seine Bedürfnisse erkennt, kann es diese auch erfüllen, was zu einem größeren Selbstwirksamkeitserleben und so schließlich auch zu einem besseren Selbstbewusstsein führt.

1. Bauen Sie die Stärken aus.

Im nächsten Schritt, nachdem sich das Kind darüber bewusst geworden ist, welche Wünsche und Bedürfnisse es hat, kann es diese umsetzten. In vielen Fällen lassen sich daraus auch die Talente und Stärken des Kindes in unterschiedlichen Bereichen ausmachen. Nehmen Sie sich Zeit für das Kind und forschen Sie mit ihm gemeinsam nach möglichen Leidenschaften, Stärken und Hobbys. Denn so merkt das Kind, dass es in einer Sache richtig gut sein kann und das steigert das Selbstwertgefühl! Außerdem können Sie selbst versuchen, sich eher auf die Erfolge des Kindes zu konzentrieren und diese auch zu feiern. Obendrein könnten Sie zum Beispiel als Abendritual einführen, dass das Kind von drei Situationen erzählt, in denen es heute mit sich selbst zufrieden gewesen war.

Bringen Sie das Kind zur Selbstakzeptanz.

Reden Sie mit Ihrem Kind über seine Hochsensibilität, sprechen Sie sowohl über die Schwierigkeiten, die damit einhergehen, aber auch über die Vorteile und Chancen. Zeigen Sie ihm, dass es sich nicht immer mit anderen vergleichen kann und sollte. Denn so versteht das Kind, dass es nicht falsch ist und wird sich seiner Stärken und Schwächen bewusst. Vermitteln Sie Ihrem Kind, dass seine Gefühle,

sein Verhalten und auch seine Schwächen okay sind. Denn nach der Akzeptanz steigt auch das Selbstwertgefühl.

Entspannungsübungen

In diesem Abschnitt möchte ich Ihnen ein paar Übungen ans Herz legen, durch die Ihr hochsensibles Kind als auch Sie selbst besser entspannen können. Für viele hochsensible Menschen ist Entspannung leider ein Fremdwort, doch das muss nicht so bleiben. Es gibt eine Vielzahl an Entspannungsübungen, die man auch kindgerecht aufbereiten kann, damit die HSK lernen können, sich zu entspannen und zur Ruhe zu kommen. Im Folgenden stelle ich Ihnen einige dieser Übungen vor.

Meditation und Fantasiereisen

Meditation ist eine sehr beliebte aber auch komplizierte Entspannungsübung. Doch wenn Kinder schon früh an die Meditation herangeführt werden, können Sie ihr ganzes Leben daraus schöpfen. Gerade für Kinder sollte die Meditation oder die Fantasiereise spielerisch angeleitet werden. Eine gut geführte Meditation ist in der Lage, die Atmung sowie das Gemüt zu beruhigen und die Konzentrationsfähigkeit zu steigern. Außerdem stellt sich mit der Zeit ein erhöhtes Wohlbefinden ein, Ängste schwinden und das hochsensible Kind ist im Allgemeinen zufriedener, ausgeglichener und entspannter. Um diese durchaus komplexe und schwierige Entspannungstechnik Ihrem Kind näher bringen zu können, bietet es sich an, die Meditation in Form einer Fantasiereise vorzustellen. Das ist besonders für hochsensible Kinder von Vorteil, weil diese sich dann von ihrem stressigen Alltag lösen können und ihre Vorstellungskraft oder Kreativität zum Einsatz kommt. Schaffen

Sie zu Beginn eine angenehme Atmosphäre, in der sich Ihr Kind wohlfühlt. Dabei kommt es vor allem darauf an, dass es zu keinen Störungen kommt und vielleicht können Sie den Raum zusätzlich abdunkeln, Kerzen anzünden oder Entspannungsmusik auflegen. Besonders wichtig ist es, das Kind in alles einzuweihen.

Erklären Sie ihm ganz genau, was Sie vorhaben und was als Nächstes passieren wird. Das nimmt dem HSK die Angst vor Neuem und gibt gleichzeitig auch noch Struktur.

Geben Sie zu Beginn der Fantasiereise eine kleine Einführung in die Meditation, sodass sich Ihr Kind ganz darauf einstellen kann. Fordern Sie es zum Beispiel auf, die Augen zu schließen und sich einen schönen Ort vorzustellen. Bauen Sie bei Ihrer Reise immer wiederkehrende Schlüsselelemente ein, wie zum Beispiel einen tierischen Gefährten oder einen gelben Luftballon. Diese Elemente begleiten das Kind und suggerieren ein angenehmes Gefühl der Geborgenheit. Vergessen Sie dabei nicht, die Geschichte zu einem Ende zu führen und das Kind zurück ins Jetzt zu begleiten. Im Anschluss können Sie noch mit Ihrem Kind über die Erfahrung reden oder es bitten, ein Bild dazu anzufertigen. So fällt es ihm leichter, die Meditation zu verarbeiten. Planen Sie für die Meditation für den Anfang nicht mehr als fünf Minuten ein, sonst könnten Sie das Kind überfordern, weil Sie seine Grenzen der Konzentration übersteigen. Achten Sie auf die Signale Ihres Kindes und nach einigen erfolgreichen Fantasiereisen können Sie die Dauer allmählich erhöhen.

Die Progressive Muskelentspannung (PME)

Diese Entspannungstechnik hat gegenüber dem autogenen Training oder der Meditation den entscheidenden Vorteil, dass man nicht versuchen muss, seine Gedanken stumm zu schalten. Denn die Kinder können aktiv mitmachen und so auch die Kontrolle behalten. Leiten Sie Ihr Kind durch die Entspannungsübung, indem Sie es zum gezielten Anspannen bestimmter Muskeln, dem kurzzeitigen Halten sowie dem gezielten Loslassen dieser Muskeln auffordern. Beginnen Sie am besten mit den Füßen und enden Sie dann schließlich am Kopf. Diese Muskelanspannungen haben den Effekt einer tiefen Entspannung. Besonders gut werden von Kindern Fantasiegeschichten angenommen, die mit der progressiven

Muskelentspannung kombiniert werden. Das können zum Beispiel die Assoziation vom Zehen einrollen am Strand sein. Wenn Sie wollen, können Sie sich nach vorgefertigten Abläufen der progressiven Muskelentspannung orientieren. Kinder, die PME regelmäßig durchführen, lernen gleichzeitig auch ihren Körper besser kennen und bauen Vertrauen zu ihm auf. Sie spüren sich und fühlen sich dadurch lebendiger. Außerdem lässt sich die PME auch gut in den Alltag einbauen.

Einschlafrituale

Einigen hochsensiblen Kindern fällt es schwer, gegen Abend Ruhe zu finden und einzuschlafen. Abendroutinen können beispielsweise auch die vorher aufgeführte Meditation oder die progressive Muskelentspannung beinhalten. Ziel ist es, dass das hochsensible Kind mit dem Tag abschließen kann, zur Ruhe kommt und gut ein- aber auch durchschlafen kann. Besonders wichtig für eine gute Schlafhygiene ist eine feste Struktur. Legen Sie für das Kind feste Schlafenszeiten fest. Ist das Kind noch klein kann auch ein Schlaflied oder das Vorlesen eines Lieblingsbuches wahre Wunder bewirken. Wenn Sie wissen, dass Ihr Kind spätabends immer Durst bekommt, stellen Sie provisorisch schon ein Glas Wasser auf den Nachtschrank. Nehmen Sie sich auch Zeit für Körperkontakt, umarmen Sie das Kind noch mal und sagen Sie ihm, dass Sie es liebhaben.

KAPITEL 3

F ragebogen Hochsensibilität

„MankanninKindernichts hineinprügeln, aber vieles herausstreicheln."

Astrid Lindgren (1907-2002), schwedische Schriftstellerin

Im Folgenden stelle ich Ihnen einen Fragebogen vor, mit dem Sie grob einordnen können, ob Ihr Kind von Hochsensibilität betroffen ist. Allerdings sollten Sie im Hinterkopf behalten, dass es einer Diagnose eines Psychologen bedarf und ein solcher Test nicht als aussagekräftig genug gilt. Dennoch kann Ihnen dieser Fragebogen bei einer ersten Einschätzung behilflich sein.

Gefühlsstark oder hochsensibel?

„Ein Kind ist ein Buch, aus dem wir lesen und in das wir schreiben sollen."

Peter Rosegger (1843-1918), österreichischer Schriftsteller

Vielleicht sind Sie im Laufe Ihrer Recherchen neben Hochsensibilität auch über den Begriff der Gefühlsstärke gestolpert. Nicht selten werden diese Begriffe synonym verwendet. Verwirrung vorprogrammiert! Doch was ist eigentlich der Unterschied zwischen den beiden Begriffen und gibt es überhaupt einen? Um Licht ins Dunkle zu bringen: Viele Unterschiede gibt es nicht und die Vermutung liegt nah, dass die beiden Begriffe sich demselben Sachverhalt auf unterschiedliche Art und Weise nähern. Im Grunde werden jedoch dieselben Kernpunkte, Probleme und Stärken genannt. Beide beschreiben die intensive Empfindung von eigenen Emotionen, sowie auch eine starke Empathie. Neben dem Gefühlserleben steht sowohl bei Hochsensibilität, als auch bei Gefühlsstärke das verstärkte Erleben und Verarbeiten von Sinneseindrücken und Reizen im Vordergrund.

Oft sprechen Eltern mit hochsensiblen Kindern davon, diese wären gefühlsstark. Das liegt vor allem daran, dass Hochsensibilität in unserer Gesellschaft zumeist negativ konnotiert ist. Sensibilität bedeutet, hilflos und schwach zu sein. Insbesondere Jungen und Männer haben unter diesen gesellschaftlichen Vorgaben zu leiden. Natürlich sind diese Vorurteile längst überholt und völliger Quatsch!

Das, was Elaine Aron für die Hochsensibilität ist, stellt die Pädagogin Dr. Mary Sheedy Kurcinka für die Gefühlsstärke dar. Ihr Ratgeber mit dem Titel: „Wie anstrengende Kinder zu großartigen Erwachsenen werden: Der Erziehungsratgeber für besonders geforderte Eltern" erschien bereits 1992. In diesem Buch beschrieb die Autorin 8 Merkmale von gefühlsstarken Kindern:

1. Gefühle werden intensiv empfunden.

2. Die Kinder sind sehr stur und willensstark, wenn etwas ihr Interesse geweckt hat und bleiben am Ball. Andererseits kann man sie bei Desinteresse von außen nur schwer motivieren.

3. Überdurchschnittliche Sensibilität bei der Wahrnehmung und Verarbeitung von Reizen.

4. Erhöhte Reizoffenheit für äußere Eindrücke und Details, was schnell dazu führen kann, dass gefühlsstarke Kinder sich durch Reize schnell ablenken lassen.

5. Affinität zu festen Routinen, die Ihnen Sicherheit und Struktur geben.

6. Hoher Bewegungsdrang und Energie.

7. Unsicherheit gegenüber neuen Situationen, Veränderungen und deren Übergängen.

8. Pessimistische Weltanschauung.

Wie Sie sicherlich bemerkt haben, überschneiden sich die Kriterien für Gefühlsstärke mit denen der Hochsensibilität. Letztendlich sind die meisten HSK hochsensibel und gefühlsstark gleichzeitig, was oft dazu führt, dass die beiden Begriffe auch

synonym verwendet werden und im Grunde auch das Gleiche beschreiben.

Hochsensibilität in allen Altersklassen

„Kinder brauche Ruhezonen und Rhythmen." Christa Schyboll, Autorin

Hochsensibilität kann sich in jeder Altersgruppe bemerkbar machen. Egal, ob bei Babys, Kleinkindern, Kindern oder bei Jugendlichen. Doch verändern sich mit dem Alter auch die Bedürfnisse der Kinder. Um trotzdem optimal auf Ihr Kind eingehen zu können, ist es von Vorteil, wenn Sie wissen, was Ihr Kind braucht.

Hochsensibilität bei Babys

Insbesondere hochsensible Babys haben noch keinerlei Strategien, um mit ihrer Hochsensibilität zurechtzukommen. Kommt es zur Überforderung, reagieren die Säuglinge entweder mit einer übermäßigen Anpassung, einer starken Abwehrhaltung, Ablehnung oder mit extrem hoher Reizbarkeit. Eine solche Überflutung von Reizen können die Kleinen meist nur durch Schreien äußern. Denn dies ist für sie die einzig mögliche Ausdrucksform. Nicht umsonst fallen hochsensible Babys mehrheitlich dadurch auf, dass sie als Problemkinder bezeichnet werden. Aufgrund dessen werden hochsensible Kleinkinder auch oft als Schreibabys bezeichnet.

Oftmals zeigt sich eine entsprechende Überforderung erst am Ende des Tages, wenn das Kind die ganzen Eindrücke nicht verarbeiten kann. Deshalb ziehen ihre Eltern selten die Verbindung zwischen dem anstrengenden Ausflug und dem Schreien des Babys. Sie suchen größtenteils nach anderen Auslösern, wie zum Beispiel Hunger, Schmerzen oder Durst. Doch da es dem Kind körperlich an

nichts mangelt, können sich die Eltern das Benehmen ihres Sprösslings nicht erklären. Die Babys sind rund um die Uhr an Ihrem Umfeld interessiert und beobachten ihre Umgebung genau. Sie nehmen sämtliche Reize wahr und können sich überwiegend nur entspannen, wenn sie in der unmittelbaren Nähe ihrer Bezugsperson sind.

Essenziell sind also eine gute Vertrauensbasis, Zuneigung und der Schutz vor Überstimulation. So kann sich das Baby bei seinen Eltern im Idealfall in Geborgenheit und Sicherheit wiegen, während sich so auch seine allgemeine Grundstimmung hebt. Das Kind wird ruhiger, selbstsicherer und strahlt auch mehr Zufriedenheit aus. Schwierig wird es, wenn sich ein Teufelskreis zwischen dem Kind und den frisch gebackenen Eltern entwickelt. Das Kind schreit, die Eltern sind verunsichert und verlieren ihr Vertrauen in ihre Fähigkeiten als gute Mutter oder guter Vater. Daraus folgt, dass die Eltern gestresst sind, was sich wiederum negativ auf das Baby auswirkt, welches dann nur noch mehr schreit. Deshalb ist es wichtig, dass sich die überforderten Eltern Hilfe suchen, um eine entspanntere Verbindung zu ihrem Kind aufbauen zu können.

Hochsensibilität bei Kleinkindern und Kindern

Bei älteren Kindern drückt sich Hochsensibilität nicht mehr durch Schreien aus, da sie sich sprachlich besser ausdrücken können. Charakterlich sind die meisten hochsensiblen Kleinkinder und Kinder eher introvertiert, träumerisch, fantasievoll, empfindsam, zurückgezogen, schnell gestresst, empfindlich und gelten eher als Einzelgänger. Wenn die Kinder wachsen, rücken andere Bedürfnisse in den Vordergrund. Auch in diesem Alter ist der elterliche Schutz vor Überreizung zentral. Doch dazu kommt, dass die Kinder nach und nach lernen, sich zu artikulieren. Essenziell ist nun, verstanden zu werden. Die Kinder wollen ernst genommen werden, daher bietet sich das Prinzip des aktiven Zuhörens an. Hierbei geht es vor allem

darum, dem Kind auf Augenhöhe zu begegnen und Bedürfnisse oder Wünsche in Ich statt in Du-Botschaften zu formulieren. Also statt Schuldzuweisungen „Du hast dein Zimmer nicht aufgeräumt", eher an die Empathie appellieren, „Ich bin traurig, dass du dein Zimmer nicht aufgeräumt hast". Denn harte Strafen, Schuldzuweisungen und Drohungen sind bei hochsensiblen Kindern eher kontraproduktiv. Viel eher öffnen sie sich bei positiver Bestärkung, Lob und Belohnungen.

Wichtig sind dabei Ehrlichkeit und klare Formulierungen, denn Doppelbotschaften oder Unklarheiten provozieren, überreizen und bringen nur Kummer und Leid. Dabei kann zum Beispiel ein Familienrat helfen, das Klima, die Gesprächskultur und die Struktur innerhalb der Familie zu verbessern. Wenn das Kind alt genug ist, die Thematik zu verstehen, ist es sinnvoll, mit ihm über seine Hochsensibilität zu reden, um sein Selbstbewusstsein frühzeitig zu stärken. Außerdem ist es wichtig, dass das Kind Selbstkontrolle, Selbstständigkeit und Problemlösekompetenzen im Zusammenhang mit seiner Hochsensibilität erlernt.

Zudem treten spätestens mit dem Eintritt in den Kindergarten die ersten Veränderungen in Form von sozialen Kontakten auf. Als Elternteil eines HSK ist es ratsam, das Kind auf diese Veränderung sorgfältig vorzubereiten. Im Umgang mit anderen Kindern bilden sich Empathie, Freundschaften, Reflexionsfähigkeit, Einfühlungsvermögen, der Charakter, Differenziertheit, aber auch (soziale) Ängste und Schüchternheit aus. Nicht selten kämpfen HSK mit Kontaktproblemen, Ausgrenzung, Integrationsschwierigkeiten oder auch Mobbing. Manche HSK ziehen sich extrem zurück, sprechen kaum noch und stehen zunehmend mehr soziale Ängste aus.

Sollte das Kind immer unsicherer und depressiver werden, kann es notwendig sein, therapeutische Hilfe in Anspruch zu nehmen. Gerade in sozialen Situationen ist es von größter Wichtigkeit, dass das hochsensible Kind lernt, sich abzugrenzen. Für Menschen mit

Hochsensibilität wird es ein Leben lang schwer sein, Grenzen zu setzen. Deshalb ist es essenziell, dass Hochsensible schon in jungen Jahren lernen, auf sich zu achten, auch mal „Nein" zu sagen und zwischen „außen" und „innen" zu differenzieren. Hilfreich kann es sein, wenn das Kind lernt, sich auf eine Sache zu fokussieren, zu konzentrieren und sich auszudrücken. Das wird beispielsweise durch Aktivitäten wie Sport, Tanz, Kampfsport, Singen und Schauspielern geübt. Außerdem hilft es hochsensiblen Kindern, wenn sie häufigen Kontakt zur Natur und zu Tieren pflegen.

Hochsensibilität bei Jugendlichen

Die Pubertät ist für die meisten Menschen eine schwierige Zeit. Die Jugendlichen sind gefangen zwischen Kind und Erwachsensein. Wichtig für die Eltern ist zu wissen, dass in dem Jugendlichen sowohl die Bedürfnisse eines Kindes als auch die eines Erwachsenen stecken. Man sollte seinen heranwachsenden Kindern Verantwortung übertragen und sie so zur Selbstständigkeit erziehen. Dazu zählen zum Beispiel Selbstmanagement, Privatsphäre auf Vertrauensbasis sowie das Setzen und Einhalten von Grenzen. Als Elternteil kann man während der Pubertät nicht viel machen, da man leicht als Störfaktor wahrgenommen wird. Viele Eltern erkennen während der Pubertät bei ihren Zöglingen vermeintliche Erziehungsfehler und versuchen diese nachträglich zu korrigieren. Doch das erzeugt nur Leid, Kummer und Anfeindungen. Man sollte auch die Informationen zum Thema Hochsensibilität nur zur Verfügung stellen, statt sie dem Jugendlichen aufzudrängen. So können sie sich selbstständig informieren. Insbesondere männliche Jugendliche haben Probleme mit der Akzeptanz ihrer Hochsensibilität. Das liegt vor allem an den vorherrschenden Geschlechterrollen, bei denen sensible Männer als schwächlich und feminin gesehen werden. Also versuchen sie sich krampfhaft zu beweisen. Sie tendieren dazu, Drogen zu nehmen oder sich Gefahren auszusetzen. Die betroffenen Jugendlichen versuchen

sich an eine Gruppe anzupassen, feiern wilde Partys, betrinken sich oder versuchen ihre hochsensible Ader zu unterdrücken. Doch andere Hochsensible sind während der Pubertät eher introvertiert, ziehen sich in ihr Zimmer zurück, sind eher Einzelgänger und fallen höchstens durch Gereiztheit und Ablehnung den Eltern gegenüber auf.

Wenn sich der Jugendliche jedoch immer mehr isoliert, antriebslos, bedrückt, unglücklich, zurückgezogen und ablehnend reagiert, könnte es sich um eine sogenannte Jugenddepression handeln. Dabei gilt, je früher diese Form der Depression erkannt wird, desto schneller und besser kann dem Jugendlichen geholfen werden. In manchen extremen Fällen neigen hochsensible Jugendliche zu selbstzerstörerischen Tendenzen, weil sie sich selbst unbewusst oder bewusst ablehnen, was schließlich in Selbsthass mündet. Oft leiden die Heranwachsenden an einem geringen Selbstwertgefühl und tendieren dazu, ihre Prioritäten an den Bedürfnissen anderer zu orientieren. Sie verletzen sich selbst und haben oft auch Suizidgedanken oder -absichten. Wenn HSP selbst nur wenig Wertschätzung und Zuwendung von anderen und sich selbst erfahren haben, treten besonders oft psychische Störungen, wie beispielsweise das Borderline-Syndrom, ADHS oder Essstörungen, wie Anorexie, auf. Um dem entgegenwirken zu können, ist es wichtig, dass der Jugendliche ein gesundes Selbstvertrauen und Selbstwertgefühl aufbauen kann. Aufgrund der Schwierigkeiten, die Hochsensibilität auch in der Pubertät mit sich bringt, haben die betroffenen Jugendlichen später als junge Erwachsene Schwierigkeiten, ins Leben zu starten. Die meisten Karrieren von HSP sind durchwachsen und lebhaft. Es kann sich schwierig gestalten, eine Ausbildung zu bekommen, zu halten und damit in das spätere Berufsleben einzusteigen. Daher bietet sich beispielsweise eine Berufsberatung an, bei der die Jugendlichen sich ihrer Stärken und Qualitäten bewusst werden, um während ihrer Ausbildung ihr Potenzial vollkommen entfalten zu können.

Die Stärken hochsensibler Kinder

„Kinder sind wie Blumen man muss sich zu Ihnen niederbeugen, wenn man sie erkennen will."

Friedrich Fröbel (1782-1852,) deutscher Pädagoge

Obwohl es nicht immer einfach als HSK ist, besitzen die Betroffenen viele wertvolle Eigenschaften und Fähigkeiten. Im Umgang mit der Hochsensibilität ist es aufgrund dessen von großer Wichtigkeit, sich als Elternteil nicht nur auf die Schwierigkeiten, die eine Hochsensibilität mit sich bringt, zu konzentrieren, sondern auch die positiven Seiten im Blick zu behalten. Und auch die Kinder sollten lernen, auf sich selbst zu vertrauen und sich wertzuschätzen. Zu den herausragendsten Fähigkeiten Hochsensibler zählen beispielsweise ein gutes Einfühlungsvermögen, Intuition, Gerechtigkeitsempfinden, meist gute schulische Leistungen, Kreativität, Ehrgeiz, Perfektionismus, eine herausragende Wahrnehmung von Details, Verlässlichkeit, Strebsamkeit und auch Bescheidenheit. Außerdem sind hochsensible Menschen oft musisch oder künstlerisch sehr begabt. Auch die hohe sensorische Sensibilität kann ein echtes Plus sein. Hochsensible können manchmal sogar das Wetter voraussagen, emotionale Schwingungen spüren, Körpergerüche den verschiedenen Menschen zuordnen oder Fäulnis in Lebensmitteln erschmecken, schon Tage bevor sich die ersten Anzeichen bemerkbar machen. Auf diese Weise betrachtet, kann man bei Hochsensibilität beinahe schon von einer Gabe oder einer Superkraft sprechen. Wenn man es auf diese Weise sieht, ist es einfacher, die Hochsensibilität als Chance oder Segen zu sehen, statt als Fluch. Im Folgenden möchte ich Ihnen nur einige wenige der vielen Stärken Hochsensibler vorstellen, die Ihr hochsensibles Kind zu etwas ganz Besonderem machen.

1. Die Wahrnehmung:

Hochsensible Menschen sind dazu in der Lage, ihre Umwelt um einiges differenzierter und detailreicher wahrzunehmen. Eine solche umfangreiche und aufmerksame Wahrnehmung führt zu einem feineren Gespür für Details und Nuancen. Andere verfügen über ein absolutes Gehör und können so Töne bestimmen oder sie sind dazu befähigt, eine Geruchsquelle aus mehreren hundert Metern ausfindig zu machen. Diese Fülle an Informationen werden äußerst tiefgründig und gründlich verarbeitet, da Hochsensible außerdem über ein sehr vernetztes Denken verfügen. Diese besondere Sinneswahrnehmung kann man auf jeden Fall als Stärke einsetzten und als solche beschreiben.

1. Empathie:

Eine enorme empathische Veranlagung scheint allen Hochsensiblen zu eigen zu sein. Eine hohe emotionale Intelligenz ist vor allem im zwischenmenschlichen Bereich ein großer Vorteil. Empathische, hochsensible Menschen sind dazu in der Lage, sofort zu spüren, wie es anderen Personen in ihrem Umfeld geht. Das gilt auch für Unausgesprochenes. Betroffene können die Stimmung und Emotionen bestimmen und subtil darauf eingehen, profitieren aber auch selbst von ihrer Gefühlsstärke und ihrer hervor-

ragenden Intuition. Die Gesellschaft lebt davon, dass es
Menschen gibt, die viel Mitgefühl und Einfühlungsvermö-
gen haben. Denn solche Personen fungieren als sozialer
Kitt und sind vor allem in sozialen oder pflegerischen
Berufen eine große Hilfe .

1. Kreativität:

Einige Hochsensible haben einen ausgeprägten Sinn für
Ästhetik. Sie besitzen ein feines Gespür für Farben, Formen, Schnitte, Muster und Stile. Materialien für ihr künst-
lerisches Schaffen wählen sie sorgsam aus und entscheiden
sich instinktiv für eine Bildaufteilung,

Schriftart oder Anordnung von Dekorationen. Außerdem
haben kreative Hochsensible eine unglaubliche Vorstellungskraft und nicht selten den Hang zum Perfektionismus, der ihren Ehrgeiz anfeuert. So ist es auch nicht weiter überraschend, dass die meisten Künstler hochsensibel
sind. Doch auch Erfinder und Wissenschaftler profitieren
von der unglaublichen Vorstellungskraft, die es ihnen erlaubt, sich in unbekannte Sphären und Welten hineinzuversetzen.

1. Idealismus:

Eine weitere bewundernswerte Eigenschaft von Hochsensiblen ist der stark ausgeprägte Sinn für Gerechtigkeit
und Moral. Sie zeichnen sich zudem durch eine bewundernswerte Gewissenhaftigkeit, durch Weltorientiertheit,

Engagement und Pflichtbewusstsein aus. Ihr sensibler, moralischer Kompass macht sie umsichtig und lässt sie Ungerechtigkeiten nicht einfach so hinnehmen. Sie zeigen Zivilcourage und können Konflikte durch diplomatisches Geschick effektiv lösen.

KAPITEL 4

Tipps für Eltern

„Erziehung besteht aus Zwei Dingen: Beispiel und Liebe."

Friedrich Fröbel (1782-1852,) deutscher Pädagoge

Achten Sie auf eine respektvolle Kommunikation miteinander. Sowohl Ihr Kind, als auch Sie selbst wünschen sich einen wertschätzenden Umgang miteinander. Das fördert unter anderem auch die Eltern-Kind-Beziehung. Versuchen Sie in Ihrem Haus gewisse Gesprächsregeln aufzustellen, um eine gute Kommunikation gewährleisten zu können.

Beugen Sie Konflikte, durch Regeln, klare Absprachen und gegebenenfalls auch faire Konsequenzen, vor. So weiß das Kind um seine Grenzen und ist sich außerdem im Klaren darüber, welche Folgen es nach sich zieht, wenn diese überschritten werden. Auch hier bietet sich das Aufstellen einiger Grundregeln an, um klare Verhältnisse zu schaffen und dem Kind so die notwendige Sicherheit geben zu können.

Helfen Sie Ihrem Kind zu lernen, sein Verantwortungsbewusstsein zu begrenzen und die große Fülle an Informationen zu ordnen. Zeigen Sie Ihrem Kind, dass es Ihnen vertrauen kann, indem Sie ihm auch hier klare Grenzen setzen. Machen Sie es sich zum Beispiel zur Aufgabe, jeden Abend mit dem Kind über den Tag zu reden und ermutigen Sie es Realitätsüberprüfungen durchzuführen, um bewerten zu können, wie die Situation wirklich gewesen ist. So können Sie dem Kind helfen in seinem Kopf Ordnung zu schaffen.

Sehen Sie von überbehütendem Verhalten ab, denn sonst kann Ihr Kind keine eigenen Erfahrungen sammeln. Auch wenn es schwerfällt, sollte das Kind auch lernen, eigenverantwortlich zu sein und für sich selbst einzutreten. Machen Sie Ihrem Kind mit voranschreitenden Alter Zugeständnisse und trauen Sie ihm mehr zu. Wenn Sie wollen, können Sie auch ein Plan erstellen, welche Verantwortung dem Kind in welchem Alter übertragen werden.

Denken Sie auch daran, sich um Ihre eigenen Bedürfnisse zu kümmern, um Ihrem Kind mehr Sicherheit und Ruhe bieten zu

können. Zum Beispiel können Sie regelmäßig Zeiten festlegen, in denen Sie nur für sich sein können. Lesen Sie ein

Buch oder nehmen Sie ein ausgelassenes Schaumbad. So können Sie Ihre eigenen Gedanken ordnen und sich selbst Klarheit verschaffen.

Lassen Sie Ihrem Kind die Zeit, die es zur Verarbeitung von Reizen benötigt. Legen Sie Verschnaufpausen während der gemeinsamen Aktivitäten ein und gewähren Sie auch Ihrem Kind Privatsphäre und auch Zeit für sich selbst. Das ist besonders wichtig, wenn Sie selbst als Elternteil ebenfalls hochsensibel sind.

Bringen Sie Ihrem Kind den richtigen Umgang mit Gefühlen bei.

Gefühle sind der Dreh und Angelpunkt der Hochsensibilität. Dabei geht es nicht nur um das intensive Gefühlserleben anderer, welches von dem hochsensiblen Kind hochempathisch verarbeitet wird, sondern auch um die eigenen Gefühle. Denn auch wenn HSK meist introvertiert sind, bedeutet das nicht, dass ihre Gefühle weniger intensiv sind. Als Elternteil ist es dabei nicht immer leicht, den Überblick zu behalten:

Angst: All diese Eindrücke können für ein hochsensibles Kind sehr überfordernd und beängstigend sein. Es kommt oft vor, dass ein HSK Angst vor scheinbar harmlosen Situationen oder Dingen hat. Dann sollten Sie versuchen, dem Kind zwar klarzumachen, dass davon keine Gefahr ausgeht, gleichzeitig sollten Sie seine Angst jedoch nicht verharmlosen und das Kind nicht dafür verurteilen.

Schüchternheit: Wie bereits erwähnt, ist es für Hochsensible vollkommen normal, eher introvertiert und zurückhaltend zu sein. Versuchen Sie auf keinen

Fall, dem Kind einzureden, es solle anders sein und sich mehr zutrauen. Oftmals sind viele HSK schon an ihrem Limit und weitere soziale Kontakte würden einer Überforderung gleichkommen. Hellhörig sollten Sie nur werden, wenn Sie bemerken, dass Ihr Kind keine Freunde hat und sich immer mehr isoliert.

Traurigkeit: Auch Trauer ist ein Gefühl mit einer Daseinsberechtigung. Wichtig ist es, das Kind in einer solchen Phase nicht alleine zu lassen und mit ihm zu reden, damit es den Trauerprozess bewältigen und damit abschließen kann. Viele Hochsensible grübeln viel unter anderem auch über schwierige Themen, wie den Tod. Dabei ist es von großer Wichtigkeit, diese Fragen und damit verbundene Gefühle zuzulassen. Stehen Sie dem Kind bei seinen Fragen Rede und Antwort, selbst wenn das auch für Sie unangenehm sein könnte. Denn Unwissenheit führt zu Unsicherheit und Unsicherheit führt zu Angst.

Wut: Manchmal scheinen hochsensible Kinder ohne jeglichen ersichtlichen Grund einfach aus der Haut zu fahren. Doch auch das kann das Ergebnis wochenlang aufgestauter Gefühle und Überforderung sein. Vor allem kleinere Kinder können ihre Gefühle und ihr Innerstes nicht mit Worten beschreiben und greifen so zu aggressiveren Mitteln. Manchmal kann es auch zu Wutausbrüchen kommen, die sich über Monate beinah täglich zu wiederholen scheinen. Wichtig ist es auch in der Akutsituation, das Kind in seiner Wut ernst zu nehmen und statt es auszuschimpfen oder zu

„normalem Verhalten" zu zwingen, sollten Sie versuchen, gemeinsam mit dem Kind an einer Lösungsstrategie zu arbeiten. Außerdem können Sie Anfälle vorbeugen, indem Sie mehr auf die Bedürfnisse

desKindeseingehen,auchwenndiesenochso unsinnig und lapidar erscheinen.

Bereiten Sie Ihr Kind so gut Sie können auf den Eintritt in die Schule oder den Kindergarten vor.

Machen Sie es schon im Voraus mit zukünftigen Mitschülern und Lehrern bekannt und zeigen Sie ihm das Schulgelände, denn so strömen nicht alle Einflüsse auf einmal auf das Kind ein.

Besprechen Sie den Schuleintritt vorher mit Ihrem Kind und stellen Sie es nicht vor vollendete Tatsachen.

Üben Sie den Schulweg zusammen mit dem Kind, damit es diesen auch stressfrei allein bewältigen kann.

Sensibilisieren Sie das Lehrpersonal für das Thema Hochsensibilität, denn so können auch die Lehrer Ihres Kindes sich bestmöglich auf die besondere Situation einstellen.

Verbünden Sie sich im Zweifelsfall mit Ihrem Kind und schützen Sie es im Notfall vor verständnislosen Lehrern oder Mobbing in der Schule.

Ziehen Sie bei der Wahl der Schulform auch Varianten, wie Homeschooling, Privatschulen, Waldorfschulen, Steiner-Schulen oder Waldschulen in Betracht.

Tipps für Lehrer und Erzieher

„In einer kleinen Welt, in welcher Kinder leben, gibt es nichts, dass so deutlich von ihnen erkannt und gefühlt wird, als Ungerechtigkeit."

Charles Dickens (1812-1870), englischer Schriftsteller

Auch, wenn der größte Teil der Begleitungs- und Erziehungsarbeit bei den Eltern liegt, kommt auf Erzieher und später auch auf Lehrer mit einem hochsensiblen Kind in der Gruppe oder in der Klasse eine nicht viel weniger große Verantwortung zu. Einen besonders großen Stellenwert haben dabei die richtige Förderung des Kindes sowie die Verbesserung der Konzentrationsfähigkeit, als auch das Erarbeiten von effektiven Lernstrategien zusammen mit dem Kind für die Schule.

Informieren Sie sich umfassend zu dem Thema Hochsensibilität im Zusammenhang mit Schule oder Kindergarten.

Informationen können Sie zum Beispiel aus einem der zahlreichen Ratgeber über Hochsensibilität, wie diesem ziehen. Doch auch einige Foren und Seiten aus dem Internet können hilfreich sein. Achten Sie dabei aber unbedingt auf die Seriosität dieser Quellen, denn nicht jeder, der über Hochsensibilität schreibt, verfügt auch über das notwendige Fachwissen!

Sprechen Sie die Eltern an, wenn bei einem Kind der Verdacht auf Hochsensibilität besteht.

Die Eltern sind meistens Experten für ihr eigenes Kind. Entweder können Sie als Lehrkraft von dem Wissen der Eltern über Hochsensibilität profitieren, oder Sie geben den Anstoß in die richtige Richtung. Achten Sie jedoch darauf, behutsam mit dem Thema umzugehen und ein solches Gespräch im geschützten Rahmen mit genügend Zeit und nicht zwischen Tür und Angel zu führen. Sie können zum Beispiel den Elternabend nutzen oder extra einen Termin vereinbaren.

Achten Sie auf eine gute Zusammenarbeit mit den Eltern Hochsensibler, die auf einer gewissen Vertrauensbasis beruhen sollte. Sind die Zweifel erstmal ausgeräumt, ist eine gute Beziehungsarbeit sowohl mit dem hochsensiblen Kind selbst, als auch mit den Eltern unabdingbar. In der Praxis könnten Sie versuchen, sich mehr Zeit für das Kind und seine Eltern zu nehmen. Gehen Sie dabei vor allem vorsichtig und geduldig vor und geben Sie den Erziehungsberechtigten das Gefühl, auf dem Gebiet kompetent und wirklich an dem Wohlergehen des Kindes interessiert zu sein.

Richten Sie das Klassenzimmer, in dem das hochsensible Kind die meiste Zeit unterrichtet wird, bewusst auf einem niedrigen Überreizungsniveau ein, indem Sie beispielsweise eine gemütliche Ecke für Ruhephasen einrichten.

Von dieser Ecke können auch andere Kinder profitieren und das hochsensible Kind wird eine erhöhte Lernbereitschaft und eine bessere Konzentrationsfähigkeit vorweisen können. Ein anderes Beispiel, um das Überreizungsniveau zu senken, ist, dass Sie versuchen, nach Möglichkeit den Klassenraum minimalistisch einzurichten. Grelle Farben

können reduziert und Ordnungssysteme ggf. angeschafft werden.

Gliedern Sie den Lernstoff in zumutbare Portionen, denn so erhöht sich die Stresstoleranz, das Selfmanagement und das Selbstvertrauen der HSK. Sie könnten zum Beispiel versuchen, mehrere kleinere Pausen einzulegen und das Anforderungsniveau an das Kind mit fortschreitendem Alter ebenfalls langsam zu erhöhen, ohne dass es zu einer Überforderung kommen muss. Hochsensible sind nämlich nicht dumm, sondern brauchen manchmal einfach etwas länger und wenn Sie das wissen und auch berücksichtigen, wird das Kind mit Freude lernen, sich steigern und Selbstbewusstsein gewinnen.

Finden Sie eine gute Balance zwischen der Selbstständigkeit des Kindes und einer angepassten Betreuung.

Wahrscheinlich werden Sie nicht umhinkommen, dem HSK eine gewisse Sonderbehandlung zukommen zu lassen, dennoch sollte man berücksichtigen, dass das Kind sich immer weiterentwickelt und mit der Zeit immer weniger Unterstützung benötigt. Schaffen Sie eine solide Grundlage und achten Sie auf die Bedürfnisse des Kindes, damit ihm mehr zugemutet werden kann und es so an seinen Aufgaben wachsen kann. In der Praxis können Sie immer Rücksprache mit den Eltern halten, aber auch mit dem HSK selbst reden und den Wunsch nach mehr Eigenständigkeit erfragen.

Sorgen Sie für ein angenehmes Klima in der Klasse, eine angemessene Gesprächskultur und gegenseitige Wertschätzung zwischen den Klassenkameraden, durch beispielsweise einen Klassenrat.

Eine solche Maßnahme findet meist auch Anklang in der ganzen Gruppe und fördert jedes einzelne Individuum. Zum Beispiel können Sie mit den Kindern zusammen Verhaltens- und Gesprächsregeln aufstellen, an die sich alle halten wollen. Auch das Einführen eines Mediators kann sinnvoll sein.

Fördern Sie die vielen Stärken der HSK, wie zum Beispiel Kreativität und Ausdrucksfähigkeit, statt sie zu rügen, wenn sie etwas nicht auf Anhieb verstehen.

Auch hier gilt, dass Reden das oberste Gebot ist. Erfragen Sie bei den Eltern Hobbys und Leidenschaften oder forschen Sie bei dem Kind selbst. Heben Sie die Fächer, in denen das Kind gut abschneidet, hervor und bewerten Sie Rückschläge nicht. Hilfreich wäre auch eine nicht notengebundene Bewertung, bei der das Augenmerk mehr auf der individuellen Verbesserung liegt, als auf den Leistungen selbst.

Versuchen Sie, das hochsensible Kind bestmöglich in den Klassenverband zu integrieren und gehen Sie strikt gegen gezieltes Mobbing, Ausgrenzung und Isolierung vor.

Beispielsweise können Sie versuchen, das HSK mit anderen ruhigen, eher zurückgezogenen Kindern zu integrieren, in dem Sie die Gruppen gezielt einteilen und die Sitzordnung pädagogisch festlegen. Auch im Sinne der vielleicht vorher festgelegten Regeln im Klassenverband werden schädliche Verhaltensweisen strikt unterbunden und im Keim erstickt.

Bereiten Sie das HSK stressfrei auf Klausuren beziehungsweise Tests, auf Klassenfahrten, Schulfeste oder andere Events vor.

In der Praxis können Sie solche Aktivitäten und Prüfungssituationen weit im Voraus ankündigen, sodass Sie dem HSK genügend Zeit geben, sich darauf mental vorzubereiten. Halten Sie auch Rücksprache mit den Eltern, wie diese den Umgang des Kindes mit dieser Situation erleben und ob vielleicht ein gewisser Unterstützungsbedarf besteht. Sollte das Kind Hilfe brauchen, sollten Sie versuchen ihm Sicherheit zu geben und somit die Angst zu nehmen.

Tipps zur Unterrichtsgestaltung und Lernstrategien

„Kein Kind ist so brav,

daß die Mutter nicht froh ist, wenn es endlich schläft."

Ralph Waldo Emerson (1803-1882),

US-amerikanischer Philosoph

Diese Tipps richten sich sowohl an die Lehrer, die ihren Unterricht mehr an hochsensible Kinder anpassen wollen, als auch an die Eltern von HSK, die ihren Kindern z. B. bei den Hausaufgaben helfen wollen.

Der Unterricht sowie das Lernen zu Hause muss in seinem Inhalt, Ziel sowie in seinen Regeln und Inhalten eine klare Struktur aufweisen, an die sich das HSK halten kann.

Außerdem sollten die Erwartungen, die an das hochsensible Kind gestellt werden, transparent übermittelt werden. Dabei können Sie sich zum Beispiel an gängigen Bildungsstandards orientieren und dies auch kommunizieren.

SchaffungeinerlernförderlichenAtmosphäredurch gegenseitige Wertschätzung, Respekt und Regeln.

Durch gute Organisation, Pünktlichkeit und Zeitmanagement sowie die Schaffung eines Tagesrhythmus kann der

Anteil an reiner Lernzeit erhöht werden, wodurch auch dem Hochsensiblen mehr Zeit zur Verfügung steht.

Im Rahmen einer Übungs- oder Nachhilfestunde kann man dem Kind die verschiedenen Lernstrategien bewusst machen und gezielte Aufträge und Hilfestellungen zur Verfügung stellen, um mit ihm effektiv üben zu können.

Eine besonders effektive Lernstrategie bei Hochsensiblen ist der Einsatz von vielen unterschiedlichen Methoden. Das können verschiedene Handlungsmuster, Inszenierungen oder Materialien sein.

Eine individuelle Förderung des Kindes wird vor allem durch Förderpläne, Lernstandanalysen sowie durch viel Zeit und Geduld möglich.

Hochsensible Kinder profitieren davon, wenn die Unterrichtsinhalte, die Kommunikation sowie die konkrete Aufgabenstellung klar formuliert, verständlich und plausibel sind.

Tipps zur Freizeitgestaltung

„MitKindernmussmanzartund freundlichverkehren.Das Familienleben ist das beste Band. Kinder sind unsere besten Richter." Otto von Bismarck (1815-1898), deutscher Politiker

Vermeiden Sie Freizeitstress, indem Sie darauf verzichten, auch die Hobbys des Kindes durchzuplanen und gönnen Sie Ihrem Kind Verschnaufpausen.

Das können Sie am besten schaffen, indem Sie versuchen mehr auf das Kind einzugehen. Achten Sie auf kleine verbale und nonverbale Zeichen des Kindes, welche auf eine Überforderung zurückzuführen sein könnten. Zum Beispiel können auch regelmäßige 10- bis 20-minütige Pausen zwischen den unterschiedlichen Aktivitäten dem Kind helfen, sich kurz zu sammeln, zu verschnaufen und mit klarem Kopf weiter zu machen.

Reduzieren Sie den Medienkonsum, indem Sie die Zeiten für Fernseher, Smartphone und Internet begrenzen.

Beispielsweise bietet es sich an, dass von Beginn an Zeiten festgelegt werden, in denen das Kind das Smartphone abgibt oder das Internet ausgeht. Viele Internetanbieter sowie auch einige Webseiten, wie zum Beispiel YouTube bieten eine automatische Internetsperre an, die ab der von den Eltern gewählten Zeit einsetzt. Somit haben Sie die Chance, Ihrem Kind gerade gegen Abend mehr Ruhe und damit auch mehr Schlaf zu verschaffen.

Legen Sie Tage fest, an denen Ihr Kind sich mit Freunden treffen darf, alle anderen Tage sind dafür tabu und entweder für die Familie oder für Ruhephasen reserviert.

Dies bietet sich vor allem im Rahmen der Tagesstrukturierung an. Je nach Bedürfnis lassen sich in der Woche vielleicht zwei oder drei Tage einrichten, an denen sich das Kind treffen kann. Wichtig dabei ist, dass diese Tage möglichst nicht direkt aufeinander folgen, sondern immer mindestens ein freier Tag dazwischen liegt. Vergessen Sie nicht, dass Ihr Kind auch jeden Tag in der Schule Kontakt zu Mitschülern und Freunden hat.

Schaffen Sie einen Ausgleich zum Beispiel in Form einer kreativen Freizeitbeschäftigung, wie zum Beispiel Malen, Singen, Basteln oder Zeichnen.

Auch hier kommt es sehr auf die individuellen Bedürfnisse des hochsensiblen Kindes an. Zunächst sollten Sie das Kind einige Aktivitäten ausprobieren lassen. Dennoch ist darauf zu achten, es nicht heillos zu überfordern. Gehen Sie behutsam vor und konzentrieren Sie sich vor allem auf die Interessen und Stärken, die Ihr Kind bereits hat. Auch wenn Teamsport seine Vorzüge hat, ist es besonders wichtig, dass

das HSK auch einer ruhigen Beschäftigung nachgehen kann, bei der es nur für sich ist.

Auch eine fokussierte sportliche Betätigung kann helfen, die emotionale Last abzubauen und sich auszupowern.

Wie bereits erwähnt, sollte man auch Sport einen gewissen Rahmen geben. Insbesondere Menschen, die kognitiv, emotional und psychisch mehr belastet sind, als ihre Mitmenschen, profitieren von gesteigertem Selbstbewusstsein und einem höheren Selbstwirksamkeitserleben. Dabei sollte ebenfalls das Kind entscheiden, welcher Sportart es gerne nachgehen wollen würde. Dennoch sollten Sie dabei darauf achten, dass die Mitgliedschaft in einem Sportverein das Kind nicht überfordert.

Finden Sie eine Tätigkeit, bei der das Kind etwas macht, woran es Spaß hat, worin es gut ist und nicht kritisiert wird.

Dieser Punkt bezieht sich auch auf alle zuvor genannten Tipps, da es elementar ist, wie die Aktivitäten und Ihre Bemühungen letztendlich von dem Kind angenommen werden. Achten Sie auf die Gemütslage des Kindes und sprechen Sie es auch offen an, um zu erfahren, wie es sich bei den einzelnen Tätigkeiten fühlt. Dabei reicht es jedoch nicht aus, dies nur einmal zu erfragen und die Antwort als universell zu verstehen. Bleiben Sie im regelmäßigen Diskurs mit dem Kind, denn so können Sie schneller und effektiver handeln, wenn die Stimmung kippen sollte.

Gehen Sie mit Ihrem Kind öfter mal in den Wald, um die

Natur zu genießen und das Gleichgewicht wiederzufinden.

Dabei bieten sich vor allem die Wochenenden an, um ausgedehnte Spaziergänge zu unternehmen. Dabei lassen sich zum Beispiel auch andere Aktivitäten integrieren, wie zum

Beispiel wandern, klettern, bergsteigen, das Bestimmen der verschiedenen Bäume oder im Herbst das Sammeln von Pilzen und Kastanien. Solche Ausflüge können 1-2-mal im Monat unternommen werden und dabei kann das Ziel zum Teil gewechselt oder beibehalten werden.

Hochsensibilität und ADHS im Vergleich

„Solange die Kinder

Noch klein sind, gib ihnen Wurzeln. Sind sie groß gib ihnen Flügel."

Khalil Gibran (188 –1931), libanesisch-US-amerikanischer Maler

Obwohl es sich bei Hochsensibilität und der Aufmerksamkeitsdefizit- Hyperaktivitätsstörung um zwei voneinander unabhängige Diagnosen handelt, werden sie oft miteinander verwechselt. Das liegt zum einen daran, dass die Symptomatik miteinander verschwimmen kann und nur wenige wissenschaftliche Studien zu diesem Thema vorliegen und zum anderen an der schnellen Lösung, die eine Diagnose mit ADHS durch diverse Medikamente zu versprechen scheint. Auch wenn hochsensible Kinder infolge einer akuten Überreizungserscheinung mit ADHS diagnostiziert werden, kann ein solcher Fehler fatal sein. Denn man kann zwar ADHS mit Medikamenten behandeln, doch bei Hochsensibilität können sich solche Behandlungsverfahren negativ auswirken. Jedoch sind ausgebildete Fachleute in der Lage, zwischen ADHS und Hochsensibilität zu unterscheiden, denn aufgrund spezieller Testverfahren kann der geschulte Arzt die Aufmerksamkeitsdefizit- Hyperaktivitätsstörung eindeutig diagnostizieren. Nach einer solchen, fachlich fundierten, Diagnose bleibt im Normalfall auch kein

Zweifel mehr, da sich Hochsensibilität und ADHS zum Teil sogar gegenseitig ausschließen. Leider werden vor allem aufgedrehte, verhaltensauffällige Kinder vorschnell, ohne weitere diagnostische Verfahren, in die ADHS-Ecke gedrängt. Den Kindern wird Ritalin verschrieben, damit werden sie ruhiggestellt und die Probleme aus

dem Weg geschafft. Im Folgenden möchte ich Ihnen sowohl die Gemeinsamkeiten als auch die Unterschiede zwischen Hochsensibilität und ADHS aufzeigen.

Milton Keynes UK
Ingram Content Group UK Ltd.
UKHW010836010224
437095UK00013B/401